Jacques Gimard

PETIT CAHIER

D'HISTOIRE DE FRANCE

Jouez à réviser vos classiques !

DES GAULOIS À LA FIN DU MOYEN ÂGE

ÉDITIONS FRANCE LOISIRS

CRÉDITS

Conception graphique et mise en pages :
Stéphanie Boulay pour Édiclic

Adaptation et réalisation : Édiclic

Tous les documents reproduits dans cet ouvrage appartiennent à la collection privée de l'auteur.

Édition du Club France Loisirs
avec l'autorisation des Éditions Hors Collection

France Loisirs
123 boulevard de Grenelle, 75015 Paris
www.franceloisirs.com

ISBN : 978-2-298-10971-9
N° éditeur : 84778
Dépôt légal : février 2016

Achevé d'imprimer en Slovénie par GPS,
avril 2016

SOMMAIRE

VOUS SOUVENEZ-VOUS ?

1 Quelle est la grande victoire de Vercingétorix ?

....

2 Qui a vaincu Vercingétorix à Alésia ?

....

3 Quel fut le martyr de Sainte Blandine ?

....

4 Quel empereur a mis fin aux massacres de martyrs chrétiens ?

....

5 Qui a aidé au développement du christianisme en Gaulle ?

....

6 Qu'a partagé Saint Martin de Tours avec un mendiant ?

....

7 Qui est la patronne de Paris ?

....

8 Quelle date marque la chute de l'Empire romain d'Occident ?

....

SAINT MARTIN PARTAGE SON MANTEAU AVEC UN PAUVRE

LA GAULE ROMAINE

Vers le VIe siècle av. J.-C., la Gaule était habitée par les Gaulois, peuplades aux mœurs barbares, ennemies les unes des autres, et qui firent de nombreuses expéditions au-dehors.

De 58 à 51 av. J.-C., la Gaule fut conquise par les Romains, commandés par Jules César, malgré l'héroïsme de Vercingétorix.

La civilisation romaine fut vite appréciée par les Gaulois qui, grâce à elle, pendant quatre siècles, connurent le bien-être et la prospérité.

C'est à cette époque que se répandit la religion chrétienne.

VERCINGÉTORIX

LA BRAVOURE QUI UNIFIA LA GAULE

Vercingétorix, chef d'une illustre famille des Arvennes, défendit vaillamment l'indépendance nationale. En vain, Jules César vint mettre le siège devant la citadelle de Gergovie, près de Clermont-Ferrand. Les assauts des soldats romains échouèrent devant la résistance des Gaulois, et Jules César, fou de rage, fut obligé de se retirer.

Malheureusement le succès de Vercingétorix ne dura pas. Les légions romaines finirent par l'emporter. Vaincu sur les bords de la Saône, il fut forcé de s'enfermer dans Alésia.

L'ÉTOFFE D'UN HÉROS

Vrai ou Faux ?
Cochez la bonne réponse.

1. Vercingétorix est vaincu à Alésia en 52 avant J.-C.
   ☐ Vrai ☐ Faux
2. Après avoir été vaincu, il se livre de son propre chef à Jules César.
   ☐ Vrai ☐ Faux
3. Vercingétorix reste prisonnier pendant 8 ans dans un cachot obscur.
   ☐ Vrai ☐ Faux
4. En 45 avant J. C. Vercingétorix est exécuté par Jules César.
   ☐ Vrai ☐ Faux

ISSUE FATALE

Les soldats de Jules César entourèrent la place forte d'Alésia de palissades et de fossés. Bientôt les soldats de Vercingétorix furent menacés de mourir de faim. Pourtant, ils reprirent courage quand ils surent qu'une nouvelle armée gauloise venait à leur secours. Ils comptaient bien sur ce renfort pour les délivrer.
Par malheur, elle fut vaincue et détruite. Désormais, il était impossible à l'armée de Vercingétorix de sortir de la ville d'Alésia.
Les Gaulois n'avaient plus qu'à se rendre ou à mourir de faim (52 av. J.-C.).

C'ÉTAIT QUAND ?

-90 -85 -80 -75 -70

-80 : Naissance de Vercingétorix

Alésia, probablement Alise-Sainte-Reine, village de Côte-d'Or, près de Semur.

PAROLE HISTORIQUE

« La Gaule unie, formant une seule nation, animée d'un même esprit, peut défier l'univers. »

Vercingétorix devant les Gaulois assemblés (Jules César, Guerre des Gaules)

VERCINGÉTORIX ENCOURAGE LES GAULOIS A COMBATTRE LES ROMAINS ET A LES CHASSER DE LA GAULE.

LEGS SPIRITUEL

Cochez la bonne réponse.

1. Quels mots sont inscrits sur le piédestal de la statue qui s'élève au sommet de la colline où se trouvait Alésia ?

☐ A. La Gaule unie est invincible.

☐ B. La Gaule désunie a été vaincue.

2. Pour quelle raison y a t-il cet épitaphe ?

☐ A. Pour rappeler que la Gaule et Vercingétorix ont été vaincus par Jules César parce qu'il était plus puissant.

☐ B. Pour rappeler que la Gaule et Vercingétorix ne furent vaincus que parce que les Gaulois étaient désunis.

LA DATE À RETENIR

52 av. J.-C. : Toute la Gaule se soulève contre les Romains sous la conduite de Vercingétorix. César l'assiège dans Alésia et le force à se rendre.

- -65
- -58 : Conquête romaine de la Gaule
- -55
- -52 : Juin Bataille de Gergovie. Octobre Vercingétorix se rend à César
- -51 : Pacification et romanisation de la Gaule
- -50
- -46 : Exécution de Vercingétorix
- -45
- -44 : Assassinat de Jules César
- -40

SAINTE BLANDINE

LE MIRACLE D'UNE MARTYRE CHRÉTIENNE

Il y avait dans la ville de Lyon, une jeune fille qui s'appelait Blandine. Elle était domestique chez une femme riche, et chrétienne. En ces temps là, la religion chrétienne commençait à être connue dans la Gaule, mais les Romains ne voulaient pas permettre cette religion. Blandine fut conduite devant le juge. Il lui demanda comment elle s'appelait. Elle répondit : « Je suis chrétienne. » Jamais elle ne voulut dire autre chose. On la conduisit en prison ; on la frappa à coups de fouet. Les bourreaux voulaient lui faire abjurer sa foi, mais la jeune fille, à chaque coup qu'elle recevait, répétait d'une voix tranquille : « Je suis chrétienne. »

DÉCOUVREZ L'ISSUE...

Cochez la bonne réponse.

1. Blandine est conduite :
   - ☐ au cirque.
   - ☐ au tribunal.
2. Le peuple réclame :
   - ☐ sa liberté.
   - ☐ sa mort.
3. Attachée à un poteau les lions et les tigres :
   - ☐ la laissent en vie.
   - ☐ la dévorent.
4. Abandonnée à un taureau :
   - ☐ il la transperce avec ses cornes.
   - ☐ il la tue.
5. Ses bourreaux :
   - ☐ l'égorgent.
   - ☐ la gracient.
6. À sa mort, son corps est :
   - ☐ enterré.
   - ☐ brûlé.

LEGS SPIRITUEL

Les persécutions ne prirent fin qu'au IVe siècle, lorsque l'empereur Constantin eut embrassé le nouveau culte (312). Alors, les églises remplacèrent les temples romains, et saint Hilaire de Poitiers, saint Martin de Tours, saint Didier de Langres assurèrent l'ascension du christianisme.

C'ÉTAIT QUAND ?

177 — 185 — 195 — 205 — 215 — 225 — 233

OÙ ET QUAND ?

Placez sur la frise chronologique les événements suivants.

1. Martyre de Blandine.
2. Fin de l'Empire gaulois.
3. Les Alamans, peuple germanique, sont stoppés à Strasbourg.
4. L'édit de Milan proclame la liberté de religion.
5. Conversion de l'empereur Constantin au christianisme.
6. Nouvelle invasion des Alamans.

LA DATE À RETENIR

177 : Sous le règne de l'empereur Marc Aurèle, saint Pothin et sainte Blandine, ainsi que beaucoup de chrétiens, souffrent le martyre à Lyon.

PAROLE HISTORIQUE

"Je suis chrétienne ; il ne se commet aucun crime parmi nous."

SAINTE BLANDINE VA MOURIR.

245 — 255 — 265 — **274** — 285 — 295 — 305 — **312** — **313**

Basilique de Saint-Martin de Tours (*Restitution*). — Saint Martin et le pauvre.

SAINT MARTIN

LE SOLDAT MISÉRICORDIEUX

Avant d'être moine, saint Martin fut soldat. Pendant l'hiver de 338, il rencontra un jour, à la porte d'Amiens, un pauvre homme à peine vêtu et exposé aux rigueurs du froid. Prenant son épée, il fit deux parts de son manteau, et en donna la moitié au malheureux. Converti bientôt au christianisme, il se fit le disciple de saint Hilaire de Poitiers. Pendant un voyage en Italie, il fut en butte aux persécutions des ariens, hérétiques qui niaient la divinité de Jésus-Christ. Revenu en Gaule, il devint évêque de Tours en 371, et fit bâtir dans son diocèse le monastère de Marmoutier.

Saint Martin fut en grand honneur dans la Gaule pendant la période mérovingienne : on lui éleva partout des églises et des oratoires.

REVERS DE LA MEDAILLE

Vrai ou Faux ? Cochez la bonne réponse.

1. Après avoir été élu évêque de Tours, saint Martin combat le paganisme dans les campagnes.

☐ Vrai ☐ Faux

2. Saint Martin est indifférent au fait que les Gaulois se souviennent de leurs anciens dieux.

☐ Vrai ☐ Faux

3. Partout où saint Martin passe, il ordonne de démolir les temples et les autels des païens.

☐ Vrai ☐ Faux

4. Son zèle est si grand et sa foi si vive qu'il couvre la Gaule d'églises.

☐ Vrai ☐ Faux

MYTHE OU RÉALITÉ ?

On connaît l'histoire de son manteau, qu'il partagea avec un pauvre un jour de grand froid. Ce pauvre n'était autre que Jésus lui-même, qui lui apparut la nuit suivante. Après cette révélation, Martin se fit baptiser.

LA MORALE DE L'HISTOIRE

Le nom vénéré de saint Martin est synonyme de bonté et de générosité. Il n'est pas de plus nobles sentiments.

C'ÉTAIT QUAND ?

310 — 316 — 320 — 330 — 340 — 350 — 353

Les Alamans ravagent la Gaule.

L'ÉCHO DE NOTRE TEMPS

Cochez la bonne réponse. Quel poète du XXe siècle a écrit ces lignes ?

« Saint Martin a donné la moitié de son manteau à un pauvre. Comme ça, ils ont eu froid tous les deux. »

- ☐ Jacques Prévert
- ☐ Boris Vian
- ☐ Georges Brassens

Coloriez cette illustration de saint Martin.

PAROLE HISTORIQUE

« Un chrétien doit mourir sur la cendre. »

OÙ ET QUAND ?

Placez sur la frise chronologique les événements suivants.

1. Martin quitte l'armée romaine.
2. Naissance de Martin de Tours.
3. Martin évêque de Tours.
4. Mort de Martin de Tours.

LA DATE À RETENIR

371 : Élu évêque de Tours, saint Martin consacre le reste de sa vie à combattre le paganisme, encore enraciné dans les campagnes.

370 — 371 — 380 — 390 — 397 — 400 — 410

SAINTE GENEVIÈVE

PROTECTRICE DE PARIS PAR LA GRÂCE DIVINE

Sainte Geneviève naquit à Nanterre, vers l'an 422, et mourut à Paris en 512. Deux fois elle fut le salut de Paris. En 451, elle rassura les habitants et, par les prières qu'elle adressa au Ciel, éloigna de cette ville le farouche Attila. Lors d'une famine, elle alla chercher des vivres et ramena onze bateaux chargés de blé qu'elle fit distribuer à la multitude affamée.

MYTHE OU RÉALITÉ ?

Les Huns n'approchèrent point de Lutèce. En effet, Attila précipitait leur marche vers Orléans, qu'il considérait comme la clef du Midi. Mais la tradition attribua son salut à la pieuse intercession de la bergère, qu'on invoqua depuis dans tous les périls.

De quelle ville sainte Geneviève devint-elle la patronne ?

☐ Orléans ☐ Paris ☐ Méry

AVIS AUTORISÉ

Vrai ou Faux ? Cochez la bonne réponse.

Saint-Germain, évêque d'Auxerre, rapporte aux parents de sainte Geneviève qu'il ne faut point la contrarier car cette enfant sera grande devant Dieu.

☐ Vrai ☐ Faux

HEUREUX DÉNOUEMENT

Aétius, à la tête des dernières légions romaines et des secours fournis par les Wisigoths, les Burgondes et les Francs, força Attila à battre en retraite, et lui livra à Méry la grande bataille des champs Catalauniques (451).
La mêlée fut atroce. Plusieurs années après, les vieillards racontaient qu'un petit ruisseau, qui arrosait la plaine, s'était grossi du sang qui coulait des blessures des morts et était devenu un torrent de flots de sang.
Attila, vaincu, se retrancha dans son camp, derrière ses chariots. Il y fit élever un immense bûcher avec des selles de chevaux, résolu de s'y brûler si l'ennemi forçait l'enceinte. Mais les vainqueurs étaient épuisés par leur effort. Attila put repasser le Rhin.

C'ÉTAIT QUAND ?

420 – 423 – 430 – 440 – 448 – 451 – 460

- 423 : Naissance de Geneviève
- 448 : Mérovée, chef de la dynastie franque
- 451 : Invasion des Huns

PAROLE HISTORIQUE

« Je vous prédis que si vous restez et priez Dieu, votre ville sera épargnée. »

Coloriez ce dessin illustrant sainte Geneviève.

L'ÉCHO DE NOTRE TEMPS

Reliez chaque citation à son auteur.

1. Attila suivait les mœurs de sa nation, qui le portaient à soumettre les peuples, et non pas à les conquérir.
2. Si Attila était vivant, il serait percepteur.

A. Jean Yanne

B. Montesquieu

LA DATE À RETENIR

451 : Bataille des champs Catalauniques, perdue par Attila, roi des Huns.

LA MORALE DE L'HISTOIRE

Jamais personne autant qu'Attila n'a porté la terreur dans notre pays.

:lovis, chef de la dynastie mérovingienne

476 — 481 — 490 — 496 — 500 — 510 — 512 — 520

de l'Empire romain d'Occident

Baptême de Clovis

Mort de Geneviève

PETITE RÉCRÉATION HISTORIQUE

Paysan gaulois Guerrier gaulois Druide gaulois

EXERCICE 1

Combien d'années se sont écoulées :

A. Entre le siège d'Alésia et la mort de Vercingétorix ?

....

B. Entre la mort de Blandine et la conversion de l'empereur Constantin au christianisme ?

....

C. Entre la nomination de Martin à l'évêché de Tours et la grande défaite d'Attila ?

....

EXERCICE 2

Associez le nom d'un personnage aux sites suivants.

Attention : plusieurs sites peuvent être associés à un même héros.

Sites	Personnages
Alise-Sainte-Reine ●	
Amiens ●	
Lutèce ●	
Lyon ●	● Attila
Marmoutier ●	● Blandine
Méry ●	● Geneviève
Nanterre ●	● Martin
Orléans ●	● Vercingétorix
Tours ●	
Troyes ●	

EXERCICE 3

Trouvez les huit mots manquants à ce résumé d'histoire de France.

Les Romains persécutèrent en Gaule les premiers ....
L'esclave .... et l'évêque saint Denis sont les plus célèbres des martyrs.
L'évêque le plus populaire de la Gaule fut .... de ....
Des Barbares, sortis de la Germanie, envahissent la Gaule. Ils sont suivis par les Huns, venus d'..................................... .
Le roi des Huns, ..., se faisait appeler le « .... de Dieu ».
Il fut battu dans les plaines des champs .... (451) et emmena au loin son armée vaincue.

EXERCICE 4

Attribuez le bon numéro aux armes gauloises que représente cette gravure.

A. Bouclier ○
B. Casque ○
C. Enseigne ○
D. Épée ○
E. Hache ○
F. Lance ○
G. Poignard ○
H. Torque ○

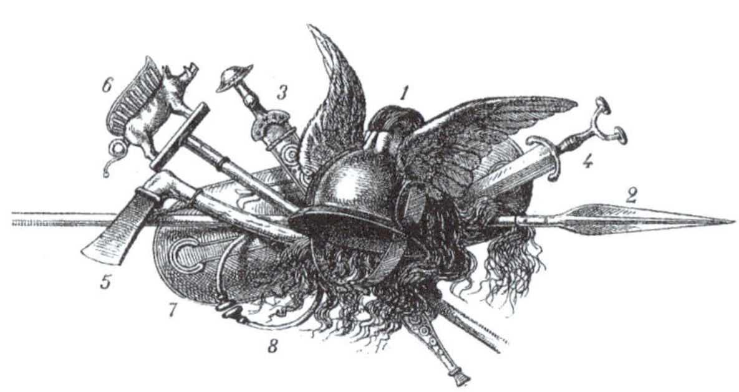

EXERCICE 5

**Que signifie cet étrange symbole ?
Cochez la bonne réponse.**

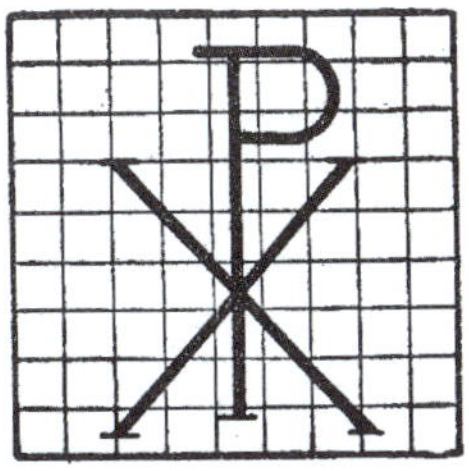

☐ 1. L'abréviation de Pax (« paix ») en référence à la « Pax romana » que les Romains ont établie en Gaule.

☐ 2. Le signe confidentiel par lequel les chrétiens persécutés se reconnaissaient entre eux.

☐ 3. L'insigne épiscopal de saint Martin : le P rappelle son secours au pauvre (P comme pauper, « pauvre » en latin) pour qui il partagea son manteau (X symbolise la coupure du manteau avec son épée).

EXERCICE 6

Rattachez à chacun de ces héros la personnalité liée à son histoire.

Vercingétorix ●	● Attila
Blandine ●	● César
saint Martin ●	● L'empereur Maxime
sainte Geneviève ●	● Pothin, évêque de Lyon

EXERCICE 7

Attribuez à chaque personnage l'action qui fit de lui un héros.

Vercingétorix ●	● Partager
Blandine ●	● Prier
saint Martin ●	● Résister
sainte Geneviève ●	● Souffrir

EXERCICE 8

Associez pour chaque personnage, deux mots de la liste suivante :

Bergère – Esclave –Guerrier – Manteau – Ravitaillement - Reddition - Soldat - Taureau.

1. Vercingétorix

....

....

2. Blandine

....

....

3. saint Martin

....

....

4. sainte Geneviève

....

....

Instruments de martyre

VOUS SOUVENEZ-VOUS ?

1 Qui fut sacré empereur en l'an 800 ?

2 Qui a fondé le royaume des Francs ?

3 Qui était le conseiller de Dagobert ?

4 Qui est le premier des rois fainéants ?

5 Pour quel fait majeur est connu Charles Martel ?

6 Où fut baptisé Clovis ?

7 Qui est le premier roi des Carolingiens ?

8 À qui doit-on la chanson de geste la plus connue du XIe siècle ?

Entrée de Charles Martel à Paris, après la bataille de Poitiers (732).

LES ROIS FAINÉANTS (670-752).

LA GAULE FRANQUE

La civilisation gallo-romaine fut en partie détruite par l'invasion des Barbares, attirés par la richesse de notre pays.

Francs, Burgondes et Wisigoths s'unirent aux Romains pour repousser des envahisseurs redoutables, les Huns.

Les Francs, commandés par Clovis, devinrent les maîtres de la Gaule, mais, après sa mort, des guerres incessantes ensanglantèrent le pays. Une nouvelle invasion, celle des Arabes, fut repoussée à Poitiers par Charles Martel. Son petit-fils, Charlemagne, constitua un vaste empire et réussit à l'organiser.

CLOVIS

PREMIER ROI CHRÉTIEN

On raconte qu'un jour, Clovis dit à saint Rémi : «Prends ton bâton et marche ; tout le terrain que tu parcourras pendant mon sommeil, je te le donne.» Saint Rémi prit son bâton et se mit en route. Il marcha longtemps, longtemps. Quand il revint auprès de Clovis qui, ce jour-là, avait fait un bien long somme, le roi lui donna toutes les terres qu'il avait parcourues en marchant. C'était l'époque où les évêques, grâce au roi, devinrent de riches propriétaires.

LE SAVIEZ-VOUS ?

1. Clovis épouse Clotilde, princesse chrétienne, nièce de Gondebaud, roi de Bourgogne.

☐ Vrai ☐ Faux

2. Clovis , roi des Francs porte les armes contre les Alamans et subit une défaite cuisante à la bataille de Tolbiac.

☐ Vrai ☐ Faux

3. En voulant à ses dieux pour cette défaite, il renonce à l'idolâtrie et se fait baptiser à Reims.

☐ Vrai ☐ Faux

4. Le baptême de Clovis est considéré aujourd'hui comme un acte fondateur du royaume des francs.

☐ Vrai ☐ Faux

PAROLE HISTORIQUE

« Dieu de Clotilde, je croirai en toi si tu me donnes la victoire ! »

Clovis, au cours de la bataille de Tolbiac (496).

LEGS SPIRITUEL

La veille de Noël 496, Clovis fut baptisé par saint Rémi, dans l'église de Reims, si magnifiquement décorée qu'il se croyait déjà au paradis.
Trois mille de ses soldats reçurent le baptême ce même jour.
Le pape décerna à son royaume, la France, le titre glorieux de « fille aînée de l'Église ».

C'ÉTAIT QUAND ?

466 — 470 — 475 — 480 — 481 — 485 — 486

LA MORALE DE L'HISTOIRE

Roi orgueilleux et cruel, Clovis eut néanmoins le mérite d'avoir fondé le royaume des Francs.

Baptême de Clovis.

Coloriez cette illustration du baptême de Clovis.

L'ÉCHO DE NOTRE TEMPS

Qui a dit ? Cochez la bonne réponse.

« Pour moi l'histoire de France commence avec Clovis. »

- ☐ Charles de Gaulle
- ☐ Pierre Mendes France
- ☐ François Mitterrand
- ☐ Georges Pompidou

OÙ ET QUAND ?

Placez sur la frise chronologique les événements suivants.

1. Sacre de Clovis.
2. Naissance de Clovis.
3. Baptême de Clovis à Reims.
4. Union avec Clotilde, princesse burgonde.
5. Victoire à Soissons sur Syagrius, général romain.
6. Mort de Clovis.
7. Victoire contre les Wisigoths à Vouillé.

LES DATES À RETENIR

481-511: Règne de Clovis.

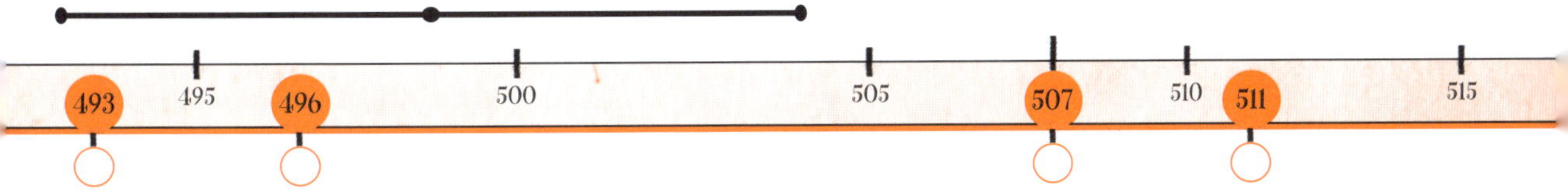

DAGOBERT

LE BON ROI DEVENU FAINÉANT

Dagobert poursuit l'unification de la Gaule franque amorcée par son père Clotaire II. Il ne laissa que le duché d'Aquitaine à son frère Caribert, dont les descendants se montrèrent si redoutables aux premiers Carolingiens. Dagobert, le plus puissant et le plus magnifique des Mérovingiens, montra un grand zèle pour la justice et fit réviser la législation des Francs. Il eut pour conseillers saint Éloi, habile orfèvre, plus tard évêque de Noyon et saint Ouen, évêque de Rouen. Il fonda la basilique de Saint-Denis, qui devint le lieu de sépulture des rois de France.

ERREUR FATALE

Reliez chaque enfant à la partie du royaume qui lui a été attribuée.

Dagobert, trouvant sans doute trop lourd le fardeau de la royauté, partage son royaume avec ses enfants.

1. Sigebert
2. Clovis

A. la Bourgogne
B. la Neustrie
C. l'Austrasie

Dagobert et saint Éloi à Saint-Denis.

MYTHE OU RÉALITÉ ?

Dagobert était beau, gracieux, et « digne de gouverner le royaume ». Il vivait le plus souvent dans sa maison royale de Clichy. Ses vêtements et ceux de ses courtisans étaient taillés dans de belles étoffes de soie, apportées de la Chine jusqu'en Gaule. Sur les bandeaux qui ornaient le front des officiers et sur les ceintures qui serraient leur taille, on voyait briller l'or et étinceler les pierres précieuses.

C'ÉTAIT QUAND ?

600 – 605 – 610 – 615 – 620

602 : Naissance de Dagobert

622 : Fuite de Mahomet à Médine, début de l'ère musulmane

623 : Règne de Dagobert

REVERS DE LA MÉDAILLE

Entre les deux propositions, cochez la bonne réponse.

☐ 1. Il y eut peu de guerres sous le règne de Dagobert.

☐ 2. Il y eut de nombreuses guerres sous le règne de Dagobert.

☐ 3. Pendant le règne de Dagobert, il n'y eut aucune tentative d'invasion.

☐ 4. Dagobert dut s'opposer à une tentative d'invasion des Bulgares.

☐ 5. Dagobert arma contre les Bulgares pour tenter de les repousser.

☐ 6. Dagobert n'arma pas contre les Bulgares et leur ordonna de passer l'hiver en cantonnement dans le pays des Bavarois.

☐ 7. Une fois les familles des Bulgares éparpillées dans les maisons des habitants, il les fit tous égorger dans une même nuit.

☐ 8. Ce fut une bataille acharnée mais Dagobert fut finalement le glorieux vainqueur.

Coloriez cet écusson à l'effigie du roi Dagobert.

AVIS AUTORISÉ

« À l'exception d'une pension alimentaire mal assurée, et que lui réglait le maire du palais selon son bon plaisir, il ne possédait en propre qu'une seule maison de campagne d'un fort modique revenu. S'il fallait qu'il allât quelque part, il voyageait sur un chariot traîné par des bœufs et qu'un bouvier conduisait à la manière des paysans. »

Éginhard, secrétaire de Charlemagne

LA MORALE DE L'HISTOIRE

Après avoir montré quelques activités au commencement de son règne, Dagobert s'abandonna aux plaisirs et à la mollesse. Son successeur, tout aussi paresseux, sera méprisé par son peuple. Preuve que la paresse mène à la perdition.

LES DATES À RETENIR

628-638 : Règne de Dagobert.

635 — 638 — 640 — 645 — 650 — 655

638 : Mort de Dagobert Ier
Sigebert II, premier roi fainéant

CHARLES MARTEL

SAUVEUR DE LA FRANCE CHRÉTIENNE

À la mort de Pépin de Herstal, en 714, il revenait à son fils Charles de lui succéder comme maire de palais. Mais, la première épouse du défunt, refusait cette perspective : Charles était, selon elle, un enfant illégitime puisqu'il était né d'une autre femme, Alpaïde.
Elle fit donc emprisonner Charles pour mieux préparer l'avènement de son petit-fils Théobald, âgé de six ans, héritier légitime de son fils décédé, Grimoald II. Mais les provinces du royaume se révoltèrent contre elle : les peuples de Neustrie, du Nord, d'Italie, les Saxons et les Austrasiens refusaient l'autorité de cette femme.
Dès que Charles réussit à s'évader, en 715, il prit le commandement des conjurés, livra des batailles victorieuses contre les armées de sa belle-mère. Réfugiée à Cologne avec son petit-fils, elle finit par se soumettre et livra la mairie d'Austrasie à Charles. En 717, au prix de cette guerre familiale, Charles dit Martel devint maire du palais.

LE SAVIEZ-VOUS ?

Une femme a fait emprisonner Charles pour l'empêcher de succéder à son père.

Remettez les lettres dans l'ordre pour découvrir son nom.

T L E R P U C E D

VICTOIRE CRUCIALE

Les Arabes avaient reçu de Mahomet (622) une religion nouvelle. Leur livre sacré, le Coran, leur ordonna de conquérir le monde par l'épée. Après s'être emparés d'une partie de l'Asie et de l'Afrique, ils arrivèrent en Gaule, du côté de l'Espagne. En 732, ils descendirent en masse les pentes des Pyrénées. Ils furent bientôt à Poitiers. Là, ils se heurtèrent aux solides guerriers chrétiens du duc Charles. Le choc fut terrible. Deux religions rivales se disputaient la Gaule.

C'ÉTAIT QUAND ?

690 — 695 — 700 — 705 — 709 — 710 — 711 — 7

709 : Début d'expéditions de Pépin contre les Alamans.

MYTHE OU RÉALITÉ ?

D'où provient le surnom de « Martel » ?

☐ 1. Il aurait été donné suite à la bataille de Poitiers car Charles y écrasa ses ennemis comme un marteau écrase le fer.

☐ 2. Il lui fut donné, comme à d'autres membres de la famille des Héristal, en l'honneur de saint Martin.

Charles Martel bat les Arabes à Poitiers.

OÙ ET QUAND ?

Placez sur la frise chronologique les événements suivants.

1. Naissance de Charles Martel.
2. Charles Martel succède à Pépin de Herstal.
3. Les Arabes conquièrent l'Espagne.
4. Charles Martel devient maire du Palais.
5. Les Arabes s'emparent de Carcassonne.
6. Décès de Charles Martel.

LA MORALE DE L'HISTOIRE

Les Francs n'ont pas marqué la France par leur culture, mais ils ont su repousser l'invasion des Arabes.

REVERS DE LA MÉDAILLE

Pauvres gens du Midi ! Ils étaient maltraités par leurs défenseurs autant que par leurs ennemis. Charles Martel, venu pour les protéger, laissa ses soldats piller et brûler Nîmes. On voit encore la trace des flammes de l'incendie sur les murs des Arènes.

HEUREUX DÉNOUEMENT

Si les Arabes avaient été vainqueurs, ils se seraient installés en France. Ils l'auraient peut-être rendue plus belle et plus riche, car ils étaient alors plus civilisés que les Francs, mais ils auraient certainement forcé nos ancêtres à prendre la religion de Mahomet.

LA DATE À RETENIR

732 : Bataille de Poitiers, gagnée par Charles Martel sur les Sarrasins.

717 — 720 — 725 — 728 — 730 — 735 — 741

Campagnes contre les Bavarois et les Saxons.

PÉPIN LE BREF

ROI DE DROIT DIVIN

Pépin le Bref, était d'une force extraordinaire. On raconte qu'étant un jour présent au combat d'un taureau et d'un lion, au moment où ces animaux étaient aux prises, il s'écria : « Qui de vous oserait les séparer ? » Personne ne se présentant, il se précipita lui-même dans l'arène, poignarda le lion, et d'un coup de sabre abattit la tête du taureau. S'adressant ensuite au peuple qui l'entourait : « Ne vous semble- t-il pas, dit-il, que je suis digne de vous commander ? » Cette action hardie devait en effet donner une haute idée d'un souverain dans un siècle où le droit du plus fort passait toujours pour le meilleur.

Coloriez cette illustration de Pépin le Bref.

LE SAVIEZ-VOUS ?

Pour quelle raison Pépin fut-il surnommé le Bref ? Cochez la bonne réponse.

- ☐ 1. En raison de la brièveté de son règne.
- ☐ 2. En raison de sa petite taille.
- ☐ 3. Parce qu'il s'exprimait par monosyllabes.

PRISE DU POUVOIR

Le pape Zacharie avait recommandé aux Francs de confier les honneurs de la royauté à celui qui en possédait la puissance. Pépin convoqua aussitôt à Soissons les évêques et les grands pour mettre fin à la dynastie mérovingienne (751). Childéric III, roi faible, fut solennellement déposé. Personne ne le défendit. On l'enferma dans un couvent de Saint-Omer. On lui mit une robe de moine et on lui coupa sa royale chevelure. Il s'éteignit obscurément trois ans après.

AVIS AUTORISÉ

« Au-dessus de toutes les nations qui sont sous le ciel, votre peuple franc s'est montré le plus dévoué envers moi, Pierre, apôtre de Dieu. »

Déclaration du pape Étienne II à Pépin le Bref (756)

C'ÉTAIT QUAND ?

710 – 714 – 715 – 720 – 725 – 730 – 732 – 735 – 740

714 : Règne de Charles Martel

715 : ◯

732 : ◯

OÙ ET QUAND ?

Placez sur la frise chronologique les événements suivants.

1. Naissance de Pépin le Bref.
2. Bataille de Poitiers.
3. Pépin le Bref, roi des Francs.
4. Pépin le Bref, maire du palais.
5. Décès de Pépin le Bref.
6. Conquête de l'Aquitaine.

L'ÉTOFFE D'UN HÉROS

En 754, le pape Étienne II, menacé par Astolphe, roi des Lombards, vint en personne réclamer le secours de Pépin, qu'il sacra une deuxième fois, à Saint-Denis, en lui conférant le titre de patrice de Rome. Le roi des Francs passa les Alpes, défia les Lombards, leur enleva l'exarchat de Ravenne et la Pentapole, qu'il offrit au Saint-Siège. Pépin confirma ainsi solennellement et agrandit la puissance temporelle des papes, qui possédaient déjà de vastes domaines aux alentours de Rome.

Étienne II.

LEGS SPIRITUEL

Pépin le Bref fut sacré et couronné par saint Boniface. Quel est le caractère exceptionnel de ce sacre ?

☐ 1. C'est le premier de notre histoire.

☐ 2. Il a lieu à Soissons, à l'issue de l'assemblée des grands du royaume.

LA MORALE DE L'HISTOIRE

Les papes avaient besoin des Francs pour les défendre contre les Lombards. Les chefs de l'Austrasie avaient besoin des papes pour légitimer leur royauté. Leurs intérêts communs étaient nombreux : la lutte contre les Arabes et la conversion de la Germanie.

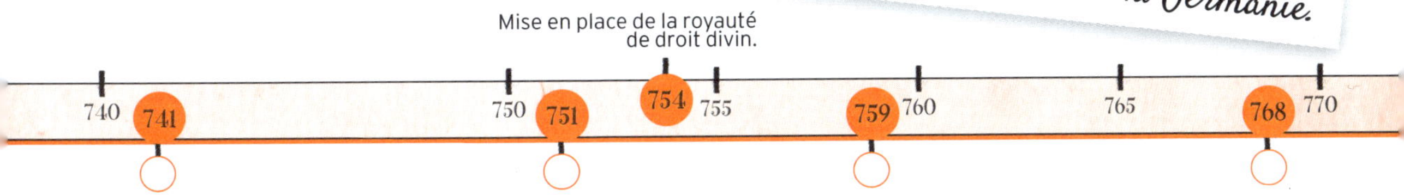

CHARLEMAGNE

EMPEREUR GUERRIER

Charlemagne a mené, pendant sa vie, cinquante-deux expéditions militaires.
Mais il fut aussi un grand législateur. La Gaule respira sous le gouvernement de ce grand empereur qui rétablit l'ordre et la paix dans son vaste empire.

LE SAVIEZ-VOUS ?

Reliez les phrases pour découvrir l'héritage de Charlemagne.

1. Il fait paraître de sages lois appelées… ● ● A. capitulaires.
2. Il nomme des administrateurs, surveillés par les… ● ● B. palatine.
3. Il fonde dans son palais une école qui devient célèbre sous le nom de… ● ● C. *missi dominici*

Entourez les mots qui conviennent dans cette citation de Charlemagne.

Vous comptez sur votre *naissance/position* et vous en concevez de *la satisfaction / l'orgueil !* Sachez que vous n'aurez ni gouvernement ni évêchés si vous n'êtes pas plus *perspicaces/instruits* que les autres.

PUISSANTE RENOMMÉE

Le nom glorieux du grand empereur des Francs était connu au loin, jusqu'en Asie. Aussi, en 807, le grand chef musulman de Bagdad, le calife Haroun al-Rachid, envoya des ambassadeurs à Aix-la-Chapelle. Ces envoyés apportèrent à Charlemagne, comme cadeaux, une horloge sonnante, un singe, un éléphant, toutes choses que ne connaissaient pas les Francs et qui les étonnèrent beaucoup.

C'ÉTAIT QUAND ?

- 742 : Naissance de Charlemagne
- 751 : Pépin le Bref, roi des Francs
- 760
- 768 : Règne de Charlemagne
- 770
- 772 : Guerre contre les Saxons
- 774 : Conquête de la Lombardie
- 778
- 780

LA DATE À RETENIR

25 décembre 800 :
Venu à Rome pour porter secours au pape Léon III, Charlemagne est couronné empereur d'Occident.

APOTHÉOSE

Charlemagne était aussi puissant que les anciens empereurs romains. Le jour de Noël de l'an 800, à Rome, le pape lui mit sur la tête une couronne d'or, et le peuple s'écria : « À Charles, couronné par Dieu, grand et pacifique empereur des Romains, vie et victoire ! »

Jusqu'où s'étendait l'empire de Charlemagne ? Entourez la bonne réponse.

☐ **1.** De la Gaule, à l'Allemagne, l'Italie, et l'Espagne jusqu'à l'Ebre.

☐ **2.** De la Gaule, à l'Allemagne, la Russie à l'Italie.

☐ **3.** De la Gaule, à l'Italie, l'Espagne jusqu'à l'Ebre et la Russie.

Charlemagne reçoit les ambassadeurs musulmans.

RAISON D'ÉTAT

Une ordonnance de Charlemagne interdit formellement la mendicité vagabonde, et imposa à chaque ville l'obligation de nourrir ses pauvres, avec ordre exprès de ne rien donner à ceux qui refuseraient de travailler.

REVERS DE LA MÉDAILLE

Pour soumettre les terribles Saxons, Charlemagne mit dix-huit ans. Il se montra fort cruel : il fit trancher la tête à plus de quatre mille prisonniers. Charlemagne pensait que tous les moyens étaient bons pour faire triompher la religion chrétienne.

Charlemagne sacré empereur d'Occident — 800
810
Décès de Charlemagne — 814
820
830
843 — Dislocation de l'Empire de Charlemagne

ROLAND

PALADIN SACRIFIÉ

Ce paladin dont l'histoire ne dit rien, sinon qu'il était fils de Milon, comte d'Angers est devenu célèbre par les légendes nationales. Et la chanson de geste qui porte son nom est un des monuments littéraires du XIe siècle.

LE SAVIEZ-VOUS ?

Qui est Roland pour Charlemagne ? Cochez la bonne réponse.

☐ Son fils ☐ Son petit-fils ☐ Son neveu

TRAHISON FATALE

Le roi arabe Marsile gagna à prix d'argent un seigneur de la cour de Charlemagne, qui devint dès lors traître à son souverain. Ils complotèrent ensemble de massacrer l'arrière-garde de l'armée franque.

Remettez les lettres dans le bon ordre pour découvrir le nom du traître qui a comploté contre Roland.

L N E G O N A

L'ÉTOFFE D'UN HÉROS

Charles Martel avait, par la victoire de Poitiers, arrêté l'invasion arabe. Charlemagne fit plus : il passa les Pyrénées à la tête d'une armée nombreuse (778) et alla porter la guerre en Espagne.
Il rasa ou occupa plusieurs villes et soumit la Catalogne. Au retour, l'arrière-garde, commandée par le comte Roland, fut assaillie par les Basques qui, embusqués de chaque côté du défilé de Roncevaux, précipitèrent sur les Francs d'énormes quartiers de roche. Un combat opiniâtre s'engagea et Roland périt avec tous ses guerriers.

LA MORALE DE L'HISTOIRE

Malgré le désastre de Roncevaux, Charlemagne assouvit toute l'Europe occidentale.

C'ÉTAIT QUAND ?

740 — 751 — 760 — 768 — 770 — 774 — 778 — 780

751 : Pépin le Bref, roi des Francs

PAROLE HISTORIQUE

« Saint Michel, saint Gabriel, venez prendre mon âme et l'emmener au Paradis. »

Le traître Ganelon fait surprendre Roland par les ennemis.

MYTHE OU RÉALITÉ ?

Suivant la tradition, le célèbre paladin frappa de son épée Durandal un coup si terrible dans la vallée de Roncevaux qu'il fendit le rocher, et pratiqua une ouverture qui a conservé le nom de « brèche de Roland ».

HONNEUR AU VAINCU

Roland sonna de son cor d'ivoire dans l'espoir que les chrétiens pourraient l'entendre et qu'ils viendraient recueillir son épée. Mais il sonna avec une telle vigueur qu'il se rompit les veines du cou et que le cor fut brisé par le milieu. Roland mourut. Durandal tomba entre les mains des infidèles.

La mort de la belle Aude.

OÙ ET QUAND ?

Placez sur la frise chronologique les événements suivants.

1. Début du règne de Charlemagne.
2. Mort de Roland de Roncevaux.
3. Conquête de la Lombardie.
4. Charlemagne sacré empereur d'Occident.
5. Dislocation de l'Empire de Charlemagne.

DESTIN D'UNE AME SŒUR

Rentré dans son palais d'Aix-la-Chapelle, Charlemagne fit venir la belle Aude. Il lui apprit que son fiancé, Roland, n'était plus. La jeune fille tomba morte de douleur. L'empereur ordonna de faire mourir le traître Ganelon dans d'affreux supplices.

800 — 810 — 814 — 820 — 820 — 843

Décès de Charlemagne

PETITE RÉCRÉATION HISTORIQUE

EXERCICE 9

Quand la chanson *Le bon roi Dagobert* fut-elle écrite ? Cochez la bonne réponse.

☐ **A.** Vers 630, par un auteur anonyme, sans doute chroniqueur à la cour du roi Dagobert.

☐ **B.** À la fin du XIe siècle, peu de temps avant *La Chanson de Roland*.

☐ **C.** Sous la Révolution française, par allusion au tempérament distrait de Louis XVI.

Sceau de Dagobert.

Coloriez cette illustration.

EXERCICE 10

Trouvez les quatre mots manquants à ce couplet de la chanson *Le bon roi Dagobert* :

Le bon roi Dagobert chassait dans les .... d'hiver.
Le grand saint ....
Lui dit : « Ô mon roi ! Votre Majesté
Est bien .... »
« C'est vrai, lui dit le roi, un .... courait après moi. »

EXERCICE 11

Attribuez à chacun de ces héros le bon saint protecteur.

Clovis ●	● Saint Boniface
Dagobert ●	● Saint Éloi
Charles Martel ●	● Saint Martin
Pépin le Bref ●	● Saint Rémi

EXERCICE 12

Reconnaissez les adversaires de nos héros.

Clovis ●	● Les Arabes
Dagobert ●	● Les Basques
Charles Martel ●	● Les Bulgares
Pépin le Bref ●	● Les Lombards
Charlemagne ●	● Les Saxons
Roland ●	● Les Wisigoths

EXERCICE 13

Associez le nom d'un personnage aux sites suivants :

Aix-la-Chapelle – Clichy – Nîmes – Poitiers – Rome – Roncevaux – Soissons – Tolbiac.

Attention : un même site peut être associé à plusieurs héros, et un même héros peut être associé à plusieurs sites.

Clovis ....

Dagobert ....

Charles Martel ....

Pépin le Bref ....

Charlemagne ....

Roland ....

EXERCICE 14

Attribuez à Charlemagne et à ses deux paladins le nom de leur épée.

Durandal – Hauteclaire – Joyeuse

Charlemagne

....

Olivier

....

Roland

....

EXERCICE 15

Classez par ordre chronologique les batailles suivantes : *Poitiers – Roncevaux – Tolbiac – Vouillé.*

....

....

....

EXERCICE 16

Classez dans l'ordre croissant, du plus bref au plus long, la durée de règne de ces quatre héros : *Clovis – Dagobert – Charles Martel – Charlemagne.*

....

....

....

....

VOUS SOUVENEZ-VOUS ?

1 De quand date la première croisade ?

2 Qui tente d'envahir Paris au IXe siècle ?

3 Quelle est la dynastie de rois après les Carolingiens ?

4 Quel était le surnom de Louis VI ?

5 Qui était Saint Louis, Louis IX ou Louis XI ?

6 Qui est le premier roi de France et de Navarre ?

7 Qui est à la fois roi d'Angleterre, duc d'Aquitaine, poète et écrivain ?

Le Grand Ferré se défend seul contre Anglais (1359).

Prise de Jérusalem par les Croisés.

LE MOYEN ÂGE

Les Normands vinrent piller la France. En 885, ils assiégèrent Paris, que défendirent les habitants commandés par Eudes. Quelques années après, sous le règne de Charles le Simple, ils s'établirent en Normandie, en 912.

Protégés par leurs sujets contre les pirates, les Carolingiens perdirent toute autorité. Les ducs de France, au contraire, qui s'étaient distingués en luttant contre les Normands, renversèrent les Carolingiens en 987, et Hugues Capet, petit-neveu du comte Eudes, fonda la dynastie des Capétiens.

Les États généraux.

Jacques Cœur mis au pilori sur la place de Poitiers.

EUDES

VAINQUEUR DES NORMANDS

Combat d'Eudes et d'un chef normand.

Montés sur leurs barques légères, les Normands couraient sur nos fleuves et nos rivières. Leurs bandes pillaient les villes, brûlaient les fermes, massacraient les habitants. Un vaillant homme de guerre, le comte Eudes, essaya de faire reculer ces Barbares. Trente mille d'entre eux étaient venus assiéger Paris. Eudes, à la tête des Parisiens, repoussa tous leurs assauts.
Il osa même traverser, au galop de son cheval et le sabre levé, l'armée normande frappée de surprise. Il allait ainsi demander du secours au Carolingien Charles le Gros qui régnait alors sur notre pays. Au bout d'un an, les Normands se retirèrent sans avoir pu prendre Paris.

ACTE DE RESISTANCE

Vrai ou Faux ? Cochez la bonne réponse.

1. Dans la nuit du 6 février 886, la Seine, grossie par les pluies, démolit le Petit-Pont.

☐ Vrai ☐ Faux

2. Sur la rive gauche, les défenseurs de la tour, sont au nombre de mille.

☐ Vrai ☐ Faux

3. Pour les contraindre à se rendre, les Normands leur promettent la vie sauve.

☐ Vrai ☐ Faux

4. Ces braves se battent une journée entière, mais le feu ayant été mis à la tour, ils capitulent.

☐ Vrai ☐ Faux

RAISON D'ÉTAT

Charles le Gros paraît enfin sur les hauteurs de Montmartre. Mais au lieu de combattre, il achète la retraite des Normands, leur paye 700 livres d'argent et abandonne la Bourgogne à leur rapacité.

C'ÉTAIT QUAND ?

850 – 852 – 855 – 860 – 865 – 869 – 870

Charles le C[…] couronné emp[…]

869 : Charles le Chauve devient roi de Lotharingie

5. Les Normands tiennent leur promesse et les épargnent.

☐ Vrai ☐ Faux

6. Les Parisiens repoussent ensuite quatre assauts.

☐ Vrai ☐ Faux

7. Paris ne fut pas pris par les Normands.

☐ Vrai ☐ Faux

Remettez les lettres dans le bon ordre pour découvrir qui était le père de Eudes.

B O E R R T E L R T O F

LA MORALE DE L'HISTOIRE

Eudes mourut en 998. La famille de ce vaillant guerrier, qui s'était battu contre les Normands, donnera à la France une nouvelle dynastie de rois.

Laquelle ? Cochez la bonne réponse.

☐ Les Valois ☐ Les Capétiens ☐ Les Bourbons

OÙ ET QUAND ?

Placez sur la frise chronologique les événements suivants.

1. Naissance de Eudes.
2. Eudes élu roi des Francs.
3. Les Normands assiègent Paris.
4. Décès de Eudes.

MYTHE OU RÉALITÉ ?

Eudes se montra digne de son père. Il fit aux Normands une terrible guerre. On ne parla plus que de ses victoires, grandies encore par l'imagination populaire. Ainsi le poète Abbon raconte qu'à Montfaucon, en Argonne, Eudes, avec 1000 guerriers seulement, vainquit 19 000 Normands, en passa la moitié au fil de l'épée, et tua leur chef en combat singulier.

Coloriez cette gravure.

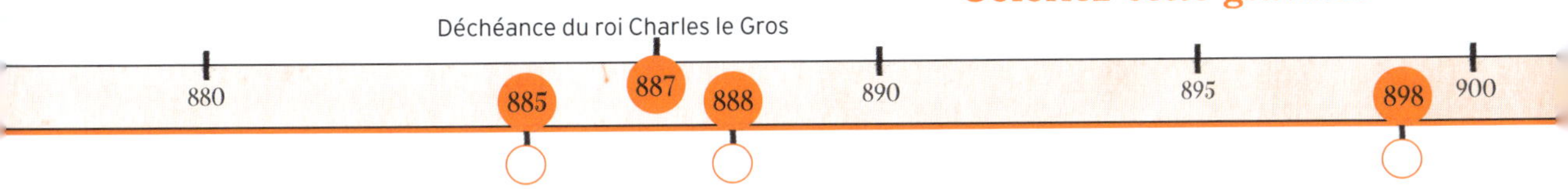

PIERRE L'ERMITE

DÉFENSEUR DES CHRÉTIENS D'ORIENT

Pierre l'ermite prêche la croisade (1095).

Dans son voyage en Palestine où il n'avait échappé à la mort qu'à grand-peine, Pierre l'Ermite, un prêtre d'Amiens, avait pris la résolution de délivrer le tombeau du Christ. À son retour, il débarqua en Italie, alla trouver le pape et lui exposa l'état déplorable où étaient les chrétiens d'Orient. Le pontife, touché de tant d'infortunes, lui ordonna de prêcher la guerre sainte. Monté sur une mule, le crucifix à la main, les pieds nus, Pierre parcourut la France et l'Italie, excitant partout un zèle ardent pour la délivrance des lieux saints.

LE SAVIEZ-VOUS ?

Quel pape a lancé les premières croisades ?

☐ Pascal II ☐ Victor III ☐ Urbain II

Entourez dans cette grille les 7 catégories de population ayant participé aux 1ères croisades

V	R	T	J	O	Y	S	U	E	S
D	L	B	I	U	J	E	O	R	E
P	A	U	V	R	E	S	U	E	N
S	G	N	S	G	S	E	F	N	T
U	B	G	E	E	R	E	N	F	I
I	M	Y	R	U	M	U	F	A	V
O	L	H	O	M	M	E	S	N	K
O	U	B	E	E	E	A	J	T	E
N	A	S	O	S	E	R	F	S	C
L	S	D	N	O	B	A	G	A	V

REVERS DE LA MÉDAILLE

Les premières bandes de croisés n'eurent pas la patience d'attendre la fin des préparatifs et se précipitèrent à travers l'Europe sur le chemin de Jérusalem, en mettant au pillage les contrées germaniques, en massacrant les juifs et en répandant partout la dévastation.
Une de ces bandes, composée de plus de cent mille hommes, entreprit le voyage sous la conduite de Pierre l'Ermite. Mal armée, mal organisée, épuisée par le voyage, cette avant-garde fut facilement exterminée par les Turcs.

C'ÉTAIT QUAND ?

1050 – 1053 : Naissance de Pierre l'Ermite – 1055 – 1060 : Règne de Philippe 1er – 1066 : Bataille d'Hastings – 1070

LA MORALE DE L'HISTOIRE

Le 14 juillet 1099, Jérusalem fut prise, et les croisés allèrent se prosterner devant le tombeau du Christ. Une petite France allait se fonder en Orient et y durer près de cent ans.

MYTHE OU RÉALITÉ ?

Il n'est pas bien sûr que Pierre l'Ermite soit allé à Jérusalem, au tombeau du Christ. On prétendit pourtant qu'il avait rapporté une lettre où le chef de l'Église chrétienne d'Orient demandait, contre les musulmans, le secours des chrétiens d'Occident. C'est à genoux, lors de son passage à Rome, que Pierre l'Ermite aurait remis cette lettre au pape.

Coloriez ce dessin illustrant les préparatifs des croisades.

Les pauvres gens se préparent à partir.

LEGS SPIRITUEL

Les croisades n'ont pas été vraiment inutiles. Les seigneurs, occupés à combattre les Turcs, ne se faisaient plus la guerre entre eux.

LA DATE À RETENIR

1095 : Le pape convoque un concile à Clermont, en Auvergne, où il vient lui-même prêcher la guerre contre les infidèles.

- 1078 : ise de Jérusalem par les Turcs
- 1080
- 1085
- 1087 : Mort de Guillaume le Conquérant
- 1090
- 1095 : Le pape Urbain II prêche la croisade
- 1096 : Première croisade
- 1099 : Prise de Jérusalem par les croisés ; Décès (probable) de Pierre l'Ermite

LOUIS LE GROS

PÈRE DES COMMUNES

En 1108, aussitôt proclamé roi, Louis VI dit le Gros rétablit l'autorité royale face aux séditieux seigneurs de son domaine. Aidé de Suger, son ministre, Louis VI fit cesser leurs brigandages dans les campagnes. Si les seigneurs pillards résistaient, le roi faisait démolir leurs châteaux. Ainsi les paysans n'eurent plus tant à souffrir des pillages des nobles.

Coloriez cette illustration de Louis le Gros.

LE SAVIEZ-VOUS ?

Quel est l'autre surnom que l'on attribue à Louis VI ?

☐ Le Juste ☐ Le Batailleur ☐ Le Simple

AIDE PROVIDENTIELLE

Le clergé aida beaucoup Louis VI à chasser les brigands féodaux sous la bannière royale. Entre Paris et Orléans, le château du Puiset, entouré de fossés et de palissades, avait défié dix assauts, et les assiégeants perdaient courage, quand un pauvre prêtre releva tous les cœurs, s'élança en avant sous une grêle de traits, et fraya le passage à l'armée royale.

En quelle année, Louis le Gros lutte-t-il contre le brigandage perpétré par Hugues du Puiset ?

☐ 1109 ☐ 1110 ☐ 1111

RAISON D'ÉTAT

Louis VI favorisa l'établissement des chartes communales auprès des seigneurs de son royaume.
Il les rendait ainsi moins puissants, et, de plus, les communes lui étaient reconnaissantes et devenaient ses alliées, lui prêtant leurs milices.
Mais bien différente était sa conduite dans son propre domaine.
Là, il voulait rester le maître.
Aussi ses villes n'obtinrent-elles pas de charte communale. Il fut le « père des communes » chez les autres, mais pas chez lui.

C'ÉTAIT QUAND ?

1075 – 1081 : Naissance de Louis VI – 1085 – 1087 : Mort de Guillaume le Conquérant – 1090 – 1095 – 1099 : Prise de Jérusalem par les croisés – 1105 – 1108 : Règne de Louis

REVERS DE LA MÉDAILLE

En 1111, les habitants de Laon proposèrent au seigneur de la ville, l'évêque Gaudry, de fixer leurs obligations et leurs droits dans une charte. Gaudry jura de la respecter, puis il la déchira.

Vrai ou faux ? Pour découvrir la suite, cochez la bonne réponse.

1. Furieux, les bourgeois sortirent dans les rues, armés de haches et d'épées.

☐ Vrai ☐ Faux

2. Ils allèrent assiéger l'évêque dans son château.

☐ Vrai ☐ Faux

3. L'évêque parvient à leur faire entendre raison et rétablit la paix.

☐ Vrai ☐ Faux

4. Le roi Louis VI vint avec ses soldats pour punir les bourgeois révoltés. La ville fut pillée.

☐ Vrai ☐ Faux

5. L'évêque qui succéda à Gaudry n'a jamais reconnu la charte.

☐ Vrai ☐ Faux

LA MORALE DE L'HISTOIRE

Louis VI lutta avec succès contre les seigneurs brigands qui répandaient la terreur dans la campagne. Avec lui, le nom du roi de France commença à être respecté.

PAROLE HISTORIQUE

« Souvenez-vous que la royauté n'est qu'une charge publique dont vous aurez à rendre compte à celui qui dispose des sceptres et des couronnes. »

LA DATE À RETENIR

1108-1137 : Règne de Louis VI

1115 – **1119** : Fondation de l'ordre du Temple – 1125 – 1130 – **1132** : Début de la construction de la basilique Saint-Denis – 1135 – **1137** : Décès de Louis VI – 1140 – 1145

PHILIPPE AUGUSTE

VAINQUEUR DES ALLEMANDS

La naissance de Philippe Auguste fut miraculeuse en 1165. Trente années durant, son père Louis VII désespérait de ne pas avoir d'héritier. En remerciements de la divine providence, l'enfant, futur Philippe II, porta longtemps le surnom de Dieudonné.

L'éducation royale que lui dispensa son père se heurta à un cruel coup du sort : à l'âge de quinze ans, la santé de Philippe II déclina brutalement après un accident de chasse. Son père franchit la Manche pour aller prier sur la tombe de l'archevêque de Canterbury, un saint thaumaturge réputé à l'époque. Et le miracle s'accomplit : Philippe II recouvra la santé en quelques jours. Le 1er novembre 1179, il fut sacré à Reims par Guillaume aux Blanches Mains, son oncle archevêque.

L'ÉTOFFE D'UN HÉROS

Pour quelle raison, Philippe Auguste confisque t-il la Normandie, l'Anjou, la Touraine et le Poitou à Jean sans Terre, roi d'Angleterre ?

☐ **1.** Pour accroître son royaume.

☐ **2.** Pour venger son neveu Arthur, prétendant au trône d'Angleterre assassiné par Jean sans Terre.

☐ **3.** Pour venger son épouse.

En représailles, le « roi Jean » forma une coalition où se trouvaient réunis Allemands, Anglais et Flamands. C'est alors que Philippe Auguste, aidé par les bourgeois des milices communales, triompha de tous ses ennemis à Bouvines, en 1214.

RAISON D'ÉTAT

Au commencement de son règne (1180-1223), Philippe Auguste entreprit une croisade avec Richard Cœur de Lion, roi d'Angleterre. La ville de Saint-Jean-d'Acre prise (1191), Philippe Auguste annonça qu'il allait rentrer en France. Il songeait plus à prendre quelques provinces au roi d'Angleterre qu'à délivrer Jérusalem.

C'ÉTAIT QUAND ?

- 1160
- 1163 : Début de la construction de Notre-Dame de Paris
- 1165 : Naissance de Philippe Auguste
- 1170
- 1175
- 1180 : Règne de Philipe Auguste
- 1182 : Philippe Auguste expulse les juifs et confisque leurs biens
- 1185
- 1189 : Richard Cœur de Lion, roi d'Angleterre
- 1190

LE SAVIEZ-VOUS ?

De quel roi, Philippe Auguste est-il le petit-fils ?

- ☐ Louis le Gros
- ☐ Louis le Jeune
- ☐ Pierre l'Ermite

PAROLE HISTORIQUE

« Si vous voyez quelqu'un de plus digne que moi de porter la couronne, je la lui céderai volontiers. »

AIDE PROVIDENTIELLE

Lors de la bataille de Bouvines, le roi Philippe se retrouva seul au milieu des fantassins allemands qui le jetèrent à bas de son cheval. Averti du péril où se trouvait le roi, Guillaume des Barres, le plus brave des seigneurs français, accourut et mit les Allemands en fuite. Puis il se précipita du côté de l'empereur d'Allemagne, le saisit au cou et le serra à l'étouffer. L'empereur Otton eut tellement peur qu'il s'enfuit.

A l'issue de la bataille, triomphant, le roi ramène le comte Ferrand de Flandres jusqu'à Paris :

- ☐ sur son cheval.
- ☐ dans une cage.
- ☐ dans un tonneau.

Richard Cœur de Lion.

REVERS DE LA MÉDAILLE

Le premier acte de Philippe Auguste fut le bannissement des juifs, dont il confisqua les biens. Ce peuple, pratiquant l'usure et l'industrie, était alors en possession de tout le commerce et d'une grande partie de l'argent de la nation. En effet, l'Église interdisait aux chrétiens de faire métier de lucre. Philippe Auguste rappela les juifs dans le cours de son règne, mais il ne leur rendit pas ce qu'il leur avait pris.

LA DATE À RETENIR

27 juillet 1214 : Victoire de Bouvines, première victoire nationale du peuple français sur l'empereur d'Allemagne, allié de Jean sans Terre, roi d'Angleterre.

1200 – **1203** Première prise de Constantinople par les croisés – 1205 – 1210 – **1214** Victoire de Bouvines – 1215 – 1220 – **1223** Décès de Philippe Auguste – 1225 – **1226** Régence de Blanche de Castille – 1230

SAINT LOUIS

LE PLUS JUSTE DES ROIS

Louis IX avait à peine douze ans à la mort de son père (1226). Mais sa mère, qui avait « un courage d'homme dans un cœur de femme », gouverna le royaume avec une rare sagesse, vertu qu'elle transmit à son fils. Ce bon roi aima la justice par-dessus tout. Il s'asseyait souvent sur les marches de la Sainte-Chapelle, ou sous un chêne au bois de Vincennes. Là, il écoutait les gens qui étaient en discussion, et il essayait de les réconcilier. La France connut là le meilleur de ses rois.

Saint Louis fait manger le lépreux.

Coloriez cette illustration de Saint Louis.

LE SAVIEZ-VOUS ?

Remettez les lettres dans l'ordre pour trouver qui était la mère de Louis IX.

NBHACEL ED TAICLSEL

PAROLE HISTORIQUE

Quelle est la devise de Saint Louis, respectueuse de l'idéal que chacun entend suivre ?

☐ 1. « Nous défendrons la religion comme nous-mêmes ! »

☐ 2. « À chacun le sien ! »

☐ 3. « L'une protège l'autre ! »

VICTOIRES CRUCIALES

Lorsque Saint Louis fut majeur, le roi d'Angleterre et les grands seigneurs du midi de la France se liguèrent contre lui. Louis IX les attaqua hardiment, les battit à Taillebourg et à Saintes (1242), et les força à lui rendre hommage.

C'ÉTAIT QUAND ?

1210 – 1214 : Naissance de Saint Louis – 1215 : Quatrième concile du Latran – 1220 – 1226 : Régence de Blanche de Castille – 1230 – 12… : Rè… de Saint L…

DÉCOUVREZ L'ISSUE...

Cochez la bonne réponse.

1. Saint Louis, pendant une maladie, fit le vœu, s'il guérissait, d'aller délivrer :

☐ A. Tunis. ☐ B. Jérusalem.

2. Il guérit et partit :

☐ A. avec son armée. ☐ B. seul.

3. Saint Louis alla combattre les Turcs :

☐ A. en Égypte. ☐ B. à Tunis.

4. Mais, hélas, ses soldats furent malades :

☐ A. de la peste. ☐ B. de la dysenterie.

5. Saint Louis :

☐ A. fut fait prisonnier. ☐ B. pût rentrer seul.

7. Plus tard, il retourna combattre les musulmans de Tunis où il mourut de la peste :

☐ A. en 1270. ☐ B. en 1272.

ROYALE HUMILITÉ

Souvent, Saint Louis faisait asseoir des pauvres à sa table. Il leur lavait les pieds, puis il leur servait à manger. Il faisait venir de préférence de malheureux aveugles. Il était sûr qu'ils ne pourraient pas le reconnaître et ne raconteraient pas le bien qu'il avait fait.

LA DATE À RETENIR

25 août 1270 :

Mort de Saint Louis.

LA MORALE DE L'HISTOIRE

L'idéal de justice est inséparable de la mémoire de Saint Louis : il est peu de rois dont on puisse en dire autant.

1242 – 'ictoire de Taillebourg
1245
1248 – Saint Louis en croisade en Egypte
1250
1255
1259 – Fin de conflit entre Capétiens et Plantagenêts
1265 – Décès de Saint Louis

PHILIPPE LE BEL

LE PREMIER MONARQUE ABSOLU

Ce prince, habile et brave, se montra avide de pouvoir et d'argent. Bien différent de son aïeul Saint Louis, il était orgueilleux, perfide et cruel. Il abandonna la politique chrétienne du Moyen Âge et fit entrer la monarchie dans la voie de l'absolutisme.

REVERS DE LA MÉDAILLE

Vrai ou Faux ? Cochez la bonne réponse.

1. Pour se procurer de l'argent, Philippe le Bel lève de lourdes taxes.

☐ Vrai ☐ Faux

2. Il modifie la valeur de la monnaie en frappant des pièces qui contiennent plus de métal précieux.

☐ Vrai ☐ Faux

3. Il confisque les biens des juifs et les fait expulser.

☐ Vrai ☐ Faux

4. Il épargne les Templiers, moines-soldats très riches.

☐ Vrai ☐ Faux

Bataille de Courtrai.

ILLUSTRE DÉFAITE

Cinquante mille chevaliers, envoyés par Philippe le Bel, entrent en Flandre. Ils se précipitent, tête baissée et en grand désordre, sur les Flamands qui les attendent à Courtrai (juillet 1302). Ils culbutent dans un fossé. Les Flamands n'ont qu'à allonger leurs piques pour les tuer. Les vainqueurs suspendent par milliers, aux voûtes de l'église de Courtrai, les éperons d'or des chevaliers français ainsi égorgés.

C'ÉTAIT QUAND ?

1260 – 1265 – **1268** Naissance de Philippe Le Bel – **1270** Dernière croisade de Saint Louis – 1275 – **1276** Soulèvement de la Navarre – **1285** Règne de Philippe Le

RAISON D'ÉTAT

Philippe le Bel osa résister au pape Boniface VIII qui, à cette époque, se vantait de commander aux rois. Il tenta même de le faire arrêter. Il fait peser un impôt sur les biens du clergé. Pour être plus fort et pour le soutenir dans cette lutte, le roi appela près de lui une assemblée. Ce furent les premiers États généraux (1302).

Quelle était la composition de cette assemblée réunie pour la première fois par Philippe le Bel ?

☐ 1. Des représentants de la noblesse (seigneurs).

☐ 2. Du clergé (prêtres).

☐ 3. Du tiers état (bourgeois des villes).

MYTHE OU RÉALITÉ ?

Après Boniface VIII, Philippe le Bel fit sacrer à Lyon un pape français, Clément V. Le pape, en cortège, défila dans les rues de la ville. Le roi tenait la bride de son cheval. Un mur s'écroula. Le pontife fut jeté à terre. Une pierre précieuse se détacha de sa tiare. Plusieurs grands seigneurs furent tués. On regarda cette catastrophe comme un mauvais présage.

Quelle est l'origine de l'expression « empereur en son royaume » ?

☐ 1. À l'exception de Dieu, Philippe le Bel ne reconnaissait aucun pouvoir au-dessus du sien et en particulier le pouvoir du Pape.

☐ 2. Le Pape était empereur dans le royaume de Philippe le Bel car son pouvoir était supérieur à celui du roi et il commandait aux évêques de France.

PAROLE HISTORIQUE

« En tout ce qui est question de gouvernement intérieur du pays, la France ne relève pas du pape. »

LA DATE À RETENIR

10 avril 1302 : Philippe le Bel réunit à Notre-Dame de Paris les premiers États généraux.

Suppression de l'ordre du Temple

1295 — 1300 — 1302 — 1305 — 1309 — 1311 — 1314 — 1320

1302 : Premiers états généraux
1309 : Le pape à Avignon
1311 : Suppression de l'ordre du Temple
1314 : Décès de Philippe le Bel

PETITE RÉCRÉATION HISTORIQUE

EXERCICE 17

Reliez à chacun de ces héros la personnalité liée à son histoire.

Eudes ●	● Blanche de Castille
Pierre l'Ermite ●	● Charles le Gros
Louis le Gros ●	● Clément V
Philippe Auguste ●	● Richard Cœur de Lion
Saint Louis ●	● Suger
Philippe le Bel ●	● Urbain II

EXERCICE 18

Redonnez à chacun de ces rois le bon surnom.

Attention : un de ces rois avait deux surnoms. À vous de l'identifier...

Louis VI ●	● Auguste
Philippe II ●	● le Bel
Louis IX ●	● le Batailleur
Philippe IV ●	● le Gros
	● Saint Louis

EXERCICE 19

Associez le nom d'un personnage aux sites suivants :

Amiens - Bouvines - Courtrai - Jérusalem - Lyon - Saint-Jean-d'Acre - Tunis - Vincennes.

Attention : deux sites doivent être associés à un même héros.

Pierre l'Ermite : ....

Philippe Auguste : ....

Saint Louis : ....

Philippe le Bel : ....

EXERCICE 20

Reconnaissez les vrais ennemis de nos héros :

Les Anglais - Les Flamands - Les grands seigneurs du midi de la France - Les infidèles - Les juifs - Les Normands - Les seigneurs pillards - Les Templiers.

Attention : certains héros peuvent avoir plusieurs ennemis, voire les mêmes.

Eudes : ....

....

Pierre l'Ermite : ....

....

Louis le Gros : ....

....

Philippe Auguste : ...

Saint Louis : ...

Philippe le Bel : ...

LEÇON A APPRENDRE

En 987, le comte de Paris, Hugue Capet, est élu roi de France.

Les premiers rois Capétiens ne possèdent que l'Ile de France. Mais, pendant plus de trois siècles, les Capétiens luttent pour se faire obéir dans la France entière.

Louis VI le Gros soumet les seigneurs pillards de son domaine.

Philippe-Auguste bat, à Bouvines (1214), l'empereur d'Allemagne.

Saint Louis se fait aimer et respecter par tous, car il est bon, juste et brave.

EXERCICE 21

Classez par ordre chronologique les six batailles suivantes :

- ☐ La bataille de Bouvines.
- ☐ La bataille de Courtrai.
- ☐ La prise de Jérusalem par les croisés.
- ☐ La défense de Paris contre les Normands.
- ☐ La prise de Saint-Jean-d'Acre par les croisés.
- ☐ Le siège de Tunis contre les musulmans.

Un Templier en costume de guerre.

EXERCICE 22

Classez dans l'ordre croissant, du plus bref au plus long, la durée de règne de ces trois héros : *Philippe Auguste - Saint Louis - Philippe le Bel.*

...

EXERCICE 23

Combien d'années se sont écoulées :

A. entre la prise de Jérusalem et la mort de Saint Louis ? ...

B. entre la prise de Jérusalem et la prise de Saint-Jean-d'Acre ? ...

C. entre la prise de Jérusalem et la confiscation des biens des Templiers ? ...

EXERCICE 24

Répondez aux questions suivantes.

A. Sur les huit croisades, combien parvinrent à atteindre leur but, Jérusalem ? ...

B. Combien de rois de France ont pris part aux croisades ? ...

C. Quel roi entreprit deux croisades ? ...

EUSTACHE DE SAINT-PIERRE

LE NOTABLE AU GRAND CŒUR

Édouard III, roi d'Angleterre, irrité de la longue résistance des Calaisiens, voulait tous les passer au fil de l'épée. Il consentit toutefois à leur laisser la vie, à condition que six des notables viennent nu-pieds lui apporter les clefs de la ville. À cette nouvelle, la foule éclata en sanglots. Eustache de Saint-Pierre se leva. Sa grande fortune, la considération dont il jouissait le rendait notable, et lui donnaient les conditions requises pour mourir. Il était suivi par cinq autres hommes courageux. Tous les six s'avancèrent pieds nus, la corde au cou, et présentèrent à Édouard les clefs de la ville.

LE SAVIEZ-VOUS ?

Découvrez le nom des compagnons d'infortune d'Eustache de Saint-Pierre.

1. EJNA AD'ERI

2. QAJUECS ET PREIER ED SIVSATN

3. NJAE ED NEIVNE

4. NRADE D'RADSRE

RANCUNE TENACE

Les fils de Philippe le Bel n'avaient pas d'enfants. La couronne de France fut disputée par leurs cousins. Philippe de Valois, — fils de Charles IV et frère de Philippe de Bel —, et Édouard III, roi d'Angleterre, — fils d'Isabelle fille de Philippe le Bel, devenue reine d'Angleterre. Philippe l'emporta, et Édouard, jaloux, commença contre la France une guerre qui dura plus de cent ans.

C'ÉTAIT QUAND ?

1320 — 1325 — 1330 — 1335 — 1340

- 1328 : Philippe VI de Valois, roi de France
- 1337 : Début de la guerre de Cent ans

DÉCOUVREZ L'ISSUE...

Cochez les bonnes réponses.

☐ **1.** La reine d'Angleterre, Philippine de Hainaut, demanda grâce à son époux.

☐ **2.** La reine d'Angleterre, Philippine de Hainaut, était encore plus inflexible que son époux.

☐ **3.** Elle exigea que quatre notables supplémentaires viennent s'offrir en sacrifice.

☐ **4.** Elle se jeta à ses genoux, les yeux baignés de larmes.

☐ **5.** Le cœur du monarque s'en émut : « Ah ! Madame, dit-il, j'aimerais mieux que vous fussiez autre part qu'ici… Tenez, je vous les donne… »

☐ **6.** Le monarque ne céda pas au caprice de sa Dame.

☐ **7.** Ce jour-là à Calais, ce n'est pas six mais dix notables qui sauvèrent la ville.

☐ **8.** Les six bourgeois et la ville furent sauvés.

☐ **9.** Calais devait rester un siècle au pouvoir des Anglais.

☐ **10.** Calais devait rester deux cent onze ans au pouvoir des Anglais.

GUERRE DE CENT ANS

Sur quelle loi s'appuient les grands seigneurs du royaume pour s'opposer à la montée d'Edouard III, fils d'Isabelle et petit-fils de Philippe le Bel sur le trône ?

BATAILLE DE CRECY

PAROLE HISTORIQUE

« J'ai si grande espérance qu'en mourant pour ce peuple, j'obtiendrai pardon de Notre-Seigneur que je veux être le premier. »

La reine d'Angleterre demande la grâce des bourgeois de Calais.

LA MORALE DE L'HISTOIRE

La reddition des bourgeois de Calais épargna à la population les ravages de l'occupant anglais. Cet acte de courage rend honneur au panache médiéval des notables, solidaires de leurs compatriotes jusqu'au sacrifice.

ouement d'Eustache de Saint-Pierre

46 — 1347 — 1350 — 1355 — 1358 — 1360 — 1364 — 1365 — 1370

aite de Crécy face aux Anglais

Répression de la Grande Jacquerie

Règne de Charles V

LE GRAND FERRÉ

LA TERREUR DES ANGLAIS

Par sa gigantesque stature, le Grand Ferré étonnait. Il avait une vigueur telle que, dans les champs où il travaillait, il faisait l'ouvrage de dix. Au besoin, il remplaçait les bœufs, s'attelait à la charrue, la tirait. Et – chose incroyable ! – jamais homme n'eut plus de douceur : il était indulgent, humble d'esprit, modeste. Il n'employait sa force qu'à des choses bonnes. On disait de lui : « Il ne tuerait pas une puce. »

Coloriez l'illustration.

LE SAVIEZ-VOUS ?

Cochez la bonne réponse.

1. Combien d'Anglais Le grand Ferré a-t-il abattu lors de la première attaque de son village ?

☐ A. Vingt-trois ☐ B. Quarante-cinq
☐ C. Soixante-sept

2. Combien d'Anglais réussit-il à abattre alors qu'il est gravement malade ?

☐ A. Deux ☐ B. Cinq ☐ C. Sept

L'ÉTOFFE D'UN HÉROS

Pendant la captivité du roi Jean le Bon, Charles le Mauvais, roi de Navarre, excite des révoltes dans le royaume. Et les Anglais continuent de le ravager. Cependant, le sentiment national se réveille et la résistance locale commence un peu partout. Près de Creil, les Anglais attaquent un village. Le Grand Ferré, jouant de la hache avec une dextérité extraordinaires, en abat un grand nombre. Il tombe malade.
Les Anglais l'apprennent et envoient douze de leurs soldats pour le tuer. S'élançant de sa couche, Ferré saisit sa hache, tombe sur les assassins, en tue certains, pendant que les autres s'enfuient. Mais le héros se couche, cette fois pour ne plus se relever.

C'ÉTAIT QUAND ?

1340 ○ — 1335 — 1337 ○ — 1340 — 1345 — 1348 Épidémie de peste noire — 1350 ○

PAROLE HISTORIQUE

« Ah ! brigands ! vous venez me prendre au lit ! Vous ne me tenez pas encore. »

Le Grand Ferré, selon la chronique du continuateur de Nangis (XIVe siècle).

ISSUE FATALE

Contre les brigands des Grandes Compagnies et les pillards anglais, en vain, les faibles implorent le secours des seigneurs, leurs défenseurs naturels. Hélas ! Les nobles s'allient lâchement aux brigands. Alors, les paysans se soulèvent. Ils se précipitent sur les châteaux, tuent sans pitié le seigneur, la châtelaine. Aussitôt, nobles, Anglais, brigands, tous s'unissent contre ces malheureux, que la faim a rendus forcenés. Partout les paysans sont massacrés.

Répondez aux questions suivantes :

1. Quel autre nom donnait-on aussi aux paysans par dérision ?

....

2. Quel nom a-t-on donné à ce soulèvement paysan massif dans les campagnes en 1358 lors de la guerre de Cent Ans ?

....

OÙ ET QUAND ?

Placez sur la frise chronologique les événements suivants.

1. Naissance du Grand Ferré 2. Début de la guerre de Cent Ans 3. Règne de Jean II 4. Mort du Grand Ferré 5. Guerre contre les Anglais.

LA MORALE DE L'HISTOIRE

Sans doute y eut-il beaucoup de Grands Ferrés dont l'Histoire ne sait pas les noms, et dont les exploits sont demeurés sans gloire.

e Prince noir ravage
e midi de la France

Règne de Charles V

Décès de Du Guesclin
et de Charles V

55 – 1358 – 1360 – 1364 – 1365 – 1369 – 1370 – 1375 – 1380

ÉTIENNE MARCEL

LE SOUVERAIN DE PARIS

Le dauphin Charles, en l'absence de son père, prisonnier des Anglais, convoqua les états généraux. Ce fut dans cette assemblée que se fit connaître Étienne Marcel, prévôt de Paris, dont les ancêtres avaient toujours appartenu à la corporation des drapiers. Ce notable, qui se méfiait d'un roi absolu, voulait confier le gouvernement aux députés des états généraux, qui auraient siégé en permanence. Marcel voulut montrer à la France qu'elle pouvait se défendre elle-même contre les Anglais. Agissant en souverain, il doubla les fortifications de Paris, garnit les murailles de canons, fit forger d'énormes chaînes pour fermer la Seine et barrer les rues pendant la nuit, organisa les milices bourgeoises en divisant la ville par quartiers, et tout cela fut fait si vite, qu'il était déjà à la tête de vingt mille hommes quand le dauphin Charles rentra dans Paris.

RAISON D'ÉTAT

Vrai ou Faux ?

1. Les états généraux voulaient contraindre le dauphin à accepter de les réunir au moins deux fois par an pour surveiller le gouvernement royal.

☐ Vrai ☐ Faux

2. Le dauphin accepta la demande.

☐ Vrai ☐ Faux

3. Les objectifs des états généraux de 1355 à 1357 étaient le contrôle de la fiscalité, le prélèvement de nouveaux impôts et la collecte des fonds pour le paiement de la rançon du roi Jean.

☐ Vrai ☐ Faux

4. Les états généraux se révèlent être très efficaces pour résoudre la crise qui accable le royaume.

☐ Vrai ☐ Faux

REVERS DE LA MÉDAILLE

Pour atteindre son but, Marcel pénétra dans le Palais à la tête de ses partisans, et massacra, sous les yeux du dauphin, les maréchaux de Champagne et de Normandie. Le sang de ces deux officiers jaillit jusque sur les vêtements de Charles, et il fut contraint de se coiffer du chaperon rouge et moitié bleu, qui était le signe distinctif des révoltés. À la suite de cette émeute, le dauphin sortit de Paris, où Marcel resta le maître.

C'ÉTAIT QUAND ?

1310 – Naissance d'Étienne Marcel

1315

1317 – Réinterprétation de la loi salique

1320

1325

1328 – Règne de Philippe de Valois

1330

TRAHISON FATALE

Pour avoir tenté une révolution impossible, Étienne Marcel fut poussé à des excès de violence qui le perdirent. C'est ainsi qu'il entreprit de faire monter sur le trône un petit-fils de Louis X : Charles le Mauvais, roi de Navarre, l'allié des Anglais ! Accusé de trahison, le prévôt de Paris périt assassiné (1358). Ainsi, le grand effort d'Étienne Marcel fut inutile et tout retomba dans le chaos.

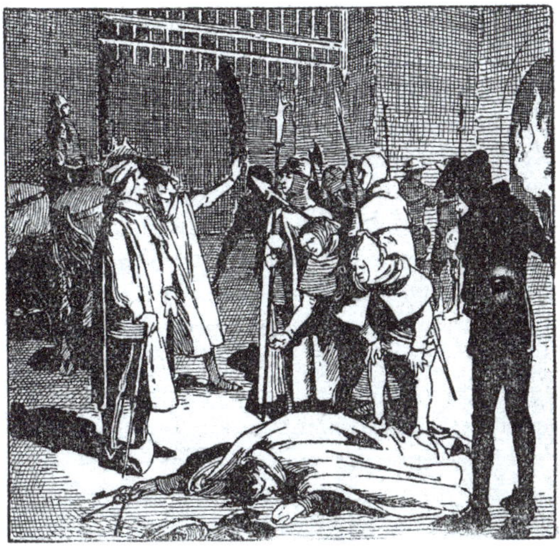

Cochez les bonnes réponses. Quelles sont les conséquences de l'échec d'Étienne Marcel ?

- ☐ 1. Les pouvoirs de la prévôté sont étendus.
- ☐ 2. Des émeutes anti-fiscales éclatent en France.
- ☐ 3. La prévôté des marchands continue de coexister avec celle de Paris.
- ☐ 4. C'est désormais un officier nommé par le roi qui dirige la capitale.

LA DATE À RETENIR

Novembre 1356 :

Réunion des états généraux, présidés par Étienne Marcel.

LA MORALE DE L'HISTOIRE

Étienne Marcel a distingué dès 1356 le but que a France ne devait atteindre qu'en 1789. Il est l'ancêtre des grands hommes de la Révolution.

PAROLE HISTORIQUE

Que dit Étienne Marcel à ses hommes venus tuer les deux officiers du dauphin ?

- ☐ 1. « Faites ce pour quoi vous êtes venus. »
- ☐ 2. « Exécutez-les rapidement. »
- ☐ 3. « Que ce soit rapide et efficace. »

out de la guerre de Cent ans — 1337

1340

1345

Épidémie de peste noire — 1348

1350

Le Prince noir ravage le midi de la France — 1355

Assassinat d'Étienne Marcel — 1358

1360

DU GUESCLIN

GUERRIER RUSÉ, CONNÉTABLE IMPITOYABLE

Bertrand Du Guesclin, gentilhomme breton, était un rude soldat. Tête dure, épaules larges, bras solides, jambes robustes, il était terrible dans les combats. Retors comme un paysan, malin dans sa rudesse, aimant les ruses de guerre, il dédaignait le faux point d'honneur des chevaliers de son temps.

Pour sauver la France, il fallait un roi sage et un habile homme de guerre. Ce roi sage fut Charles V, fils de Jean le Bon, et il trouva dans Bertrand Du Guesclin l'homme de guerre dont il avait besoin. L'un fut la tête, l'autre fut le bras, et à eux deux, ils sauvèrent la France.

UNE RUSE DE DU GUESCLIN

Cochez les bonnes réponses.

1. Quelle tactique met en œuvre Du Guesclin pour expulser les Anglais hors de France ?

☐ A. Il procède par grandes campagnes suite aux habitudes de la chevalerie française.

☐ B. Il reconquiert des provinces entières en assiégeant château après château.

2. Quels sont les avantages de cette stratégie ?

☐ A. Elle est peu coûteuse car elle mobilise peu d'hommes.

☐ B. Elle développe un sentiment d'insécurité chez l'ennemi.

☐ C. Elle agit comme un rouleau compresseur de part le nombre important de soldats mobilisés.

AU SERVICE DU ROI

Du Guesclin inaugura son entrée au service de Charles V en remportant, en 1364, la belle victoire de Cocherel, sur le roi de Navarre, Charles le Mauvais, qui, bien qu'étant prince français, s'était allié aux Anglais.

C'ÉTAIT QUAND ?

1320 – Naissance de Du Guesclin
1325
1328 – Règne de Philippe V
1330
1335
1337 – Début de la guerre de Cent ans
1340
1345 – Règne de Jean II

HONNEUR AU VAINCU

Du Guesclin mourut en soldat, en 1380, lors du siège d'une forteresse anglaise, à Châteauneuf-de-Randon.

Cochez les bonnes réponses.

1. Où Charles V fit-il enterrer son fidèle connétable ?

☐ A. Au Panthéon.

☐ B. Dans la basilique Saint-Denis.

☐ C. À l'abbaye de Royaumont.

2. À la mort de Du Guesclin et de Charles V, que reste-t-il aux Anglais ?

☐ Calais ☐ Caen ☐ Cherbourg ☐ Tarascon
☐ Arles ☐ Niort ☐ Brest ☐ Bordeaux
☐ Bayonne ☐ Saumur ☐ Conches ☐ Cognac

Duguesclin emmenant les grandes compagnies en Espagne.

PAROLE HISTORIQUE

« Qu'il vous souvienne, mes amis, qu'en quelque lieu que vous fassiez la guerre, les gens d'Église, les femmes, les enfants et le pauvre peuple ne sont point vos ennemis. »

Du Guesclin à ses compagnons d'armes, avant de mourir.

STRATÈGE HORS PAIR

Au lieu de livrer bataille aux Anglais, Du Guesclin les harcela sans cesse, les attaquant par surprise, brûlant les récoltes et les villages pour qu'ils ne trouvent pas de vivres, détruisant leurs convois... Ses ruses de guerre étaient célèbres. Un jour, il pénétra dans un château déguisé en bûcheron. Ses compagnons renversèrent une charrette de bois à l'entrée du château : on ne put fermer la porte. Les faux bûcherons tirèrent alors des armes de dessous leurs vêtements. Le reste de la bande accourut et le château fut pris !

REVERS DE LA MÉDAILLE

Du Guesclin n'était pas un saint. C'est lui qui conduisit en Espagne les aventuriers, moitié soldats, moitié brigands, des Grandes Compagnies. En passant à Avignon, il demanda au pape, qui habitait alors dans cette ville, un peu d'argent pour l'aider dans son entreprise. Le pape lui envoya seulement sa bénédiction. Du Guesclin trouva que ce n'était pas assez. Il laissa ses compagnons ravager les terres du Saint-Siège et le pape s'empressa d'envoyer la somme demandée.

1355 – 1360 – 1364 : Règne de Charles V – 1365 – 1367 : Bataille de Navarrete : Du Guesclin prisonnier – 1370 : Du Guesclin nommé connétable du roi – 1375 – 1380 : Décès de Du Guesclin

JEANNE D'ARC

LA JEUNE LORRAINE QUI SAUVA LA FRANCE

À la mort de Charles V, la France sombra dans le malheur. Le roi Charles VI était fou. Les grands seigneurs se faisaient la guerre entre eux. Les Anglais recommencèrent leurs ravages. Et la reine déshérita son propre fils, le dauphin Charles, pour reconnaître le roi d'Angleterre comme roi de France.
Le nord de la France l'abandonnant, le dauphin Charles partit se réfugier au sud de la Loire. On l'appelait par moquerie « le roi de Bourges ». Alors, de Lorraine, arriva une jeune fille, Jeanne d'Arc, qui avait traversé avec quelques hommes d'armes le pays ennemi. Elle dit au dauphin d'avoir confiance, qu'il était le vrai roi, et que les Anglais seraient boutés hors de France.

LE SAVIEZ-VOUS ?

Quel âge a Jeanne d'Arc quand elle rencontre le dauphin Charles ?

☐ 16 ans ☐ 17 ans ☐ 21 ans

ISSUE FATALE

Les Bourguignons lui firent un procès inique dirigé par Pierre Cauchon, évêque de Beauvais. Les réponses de Jeanne déroutèrent ses juges par leur courageuse simplicité et leur à-propos. Elle n'en fut pas moins condamnée à mort et brûlée vive sur la place du Vieux-Marché (1431).
Du haut du bûcher, elle cria de nouveau cette parole qui retentit à travers les âges : « Mes voix ne m'ont pas trompée ! Ma mission était de Dieu ! » Elle fut réhabilitée, quelques années plus tard, par un tribunal d'Église.

L'ÉTOFFE D'UN HÉROS

Charles VII confia à Jeanne d'Arc le commandement d'une armée. Jeanne partit, suivie des plus vaillants capitaines : elle vainquit les Anglais, délivra Orléans, et conduisit CharlesVII à Reims pour le faire sacrer. Jeanne voulut alors revenir dans sa famille, mais Charles VII la retint. Depuis, elle ne combattit plus avec le même bonheur. Elle croyait sa mission terminée. Elle avait perdu confiance. Elle fut blessée devant Paris et prise à Compiègne par les Bourguignons qui la vendirent aux Anglais.

C'ÉTAIT QUAND ?

1400 — 1405 — 1410 — 1415 — 1420 — 1425

- 1412 : Naissance de Jeanne d'Arc
- 1417 : Fin du Grand Schisme
- 1422 : Règne de Charles VII, roi de France
- Jeanne d'Arc délivre

MYTHE OU RÉALITÉ ?

C'est au moment où la France allait périr que Jeanne parut. Dès son enfance, Jeanne, qui gardait les troupeaux de son père à Domrémy, en Lorraine, avait pleuré sur les malheurs de la France. Elle écoutait ses « Voix » qui lui disaient : « Jeanne, tu sauveras la France ! Jeanne, tu chasseras les Anglais ! »

Devinez les vers manquants du couplet de cette chanson qui date de 1430 ?

Entre vous, gens de village
Qui aimez le Roi français
(...)

☐ 1. Prenez chacun bon courage
Pour combattre les Anglais

☐ 2. Soyez toujours plein de rage
Pour combattre les Anglais

PAROLE HISTORIQUE

« Il avait été à la peine, c'était bien juste qu'il fût à l'honneur ! »

Jeanne d'Arc, à propos de son étendard, lors du sacre de Charles VII à Reims.

Quelle devise était inscrite sur l'étendard de Jeanne d'Arc ?

☐ 1. A vaillans cuers riens impossible : À vaillant cœur, rien n'est impossible.

☐ 2. Jesus Maria.

☐ 3. Pietate et justitia : Avec piété et droiture.

LA MORALE DE L'HISTOIRE

Jeanne d'Arc redonna du courage aux Français. Vingt ans après la mort de Jeanne, il ne restait plus un Anglais en France. La guerre de Cent Ans était finie.

LA DATE À RETENIR

8 mai 1429 : Jeanne d'Arc délivre Orléans.

L'ÉCHO DE NOTRE TEMPS

« Jeanne d'Arc est mon grand écrivain. Nul ne s'exprime mieux qu'elle, par la forme et par le fond. »
Jean Cocteau

e d'Arc est brûlée vive — Réhabilitation de Jeanne d'Arc

1435 — 1440 — 1445 — 1450 — 1453 — 1455 — 1456 — 1460

Invention de l'imprimerie par Gutenberg — Prise de Constantinople par les Turcs

JACQUES CŒUR

GRAND ARGENTIER AVENTURIER

Grand argentier du roi, Jacques Cœur, doué du génie des affaires, avait fondé une vaste entreprise maritime, mis la France en relation avec les Indes, fait des traités avec les Turcs et donné au commerce un essor jusqu'alors inconnu. Devenu l'homme le plus riche du royaume, il prêta à Charles VII l'argent nécessaire à la conquête de la Normandie, devint son trésorier, et joua un grand rôle politique. Mais, calomnié par la foule des envieux, il perdit la confiance du roi et fut condamné à l'exil (1453).

LE SAVIEZ-VOUS ?

De quelle ville est originaire Jacques Cœur ?

S O B U G E R ....

NAISSANCE DE JACQUES CŒUR

Entourez dans cette grille les différents métiers que Jacques Cœur a exercés.

N	O	T	Y	U	R	S	U	A	S
E	L	B	I	U	E	E	R	R	E
G	A	U	A	R	I	G	U	E	N
O	G	R	U	E	T	A	M	R	A
C	B	A	N	Q	U	I	E	R	I
I	M	Y	R	U	E	U	F	A	V
A	R	G	E	N	T	I	E	R	K
N	U	B	G	E	R	A	J	E	E
T	D	N	A	H	C	R	A	M	R
L	S	D	L	O	I	A	G	A	V

L'ÉTOFFE D'UN HÉROS

Jacques Cœur avait commencé en 1443 la réorganisation des finances. Jusque-là, on avait considéré comme impossible d'établir un contrôle sur les receveurs des deniers publics et de forcer les grands officiers de la couronne, argentier, écuyer, trésorier des guerres, maîtres de l'artillerie, etc., à payer leur dû au roi. Jacques Cœur, donna l'exemple et, grâce à lui, il y eut enfin en France un service des finances sur lequel la royauté pouvait compter.

C'ÉTAIT QUAND ?

1400 – Naissance de Jacques Cœur

1405 – 1410 – 1415

1417 – Fin du Grand Schisme

1420

1422 – Règne de Charles VII, roi de France

1425

DISGRÂCE FATALE

Vrai ou Faux ? Cochez la bonne réponse.

1. Jacques Cœur, condamné, fut exposé au pilori sur la place publique de Poitiers.

☐ Vrai ☐ Faux

2. À genoux et une torche à la main, il entendit lecture de sa sentence.

☐ Vrai ☐ Faux

3. Il dut ensuite demander pardon à haute voix des crimes qu'on lui reprochait et qu'il avait commis.

☐ Vrai ☐ Faux

DESTIN FUNESTE

Le roi aurait dû défendre un serviteur aussi dévoué : il se contenta de commuer sa peine en celle de la détention. Jacques Cœur fut détenu prisonnier dans le couvent des cordeliers de Beaucaire. Mais, par l'entremise d'un de ses facteurs, Duvillage, à qui il avait fait épouser sa nièce, il parvint à s'échapper. Jacques Cœur se retira à Rome où le pape lui donna le commandement d'une flotte contre les Turcs. Il mourut au combat en 1461.

Complétez la devise de Jacques Cœur.

« À cœur ....,
rien d'.. »

MYTHE OU RÉALITE ?

Jacques Cœur prêta plusieurs fois de l'argent au roi. Mais ses ennemis voulurent lui nuire. On prétendit que le diable lui avait appris à fabriquer de l'or, qu'il faisait ferrer ses chevaux avec des fers d'argent, etc. Charles VII fut ingrat envers Jacques Cœur. On fit un procès au riche argentier. On s'empara de ses biens et on le chassa du royaume.

LA MORALE DE L'HISTOIRE

Jacques Cœur montra à Charles VII comment tenir les finances d'un grand État et lui prêta l'argent nécessaire pour chasser les Anglais.

LA DATE À RETENIR

1453 : Jacques Cœur est condamné à l'exil. Le Moyen Âge, qui avait commencé en 395 à la chute de l'Empire romain, se termine pour céder la place aux Temps modernes.

- 1431 : eanne d'Arc est brûlée vive
- 1435
- 1439 : Jacques Cœur, grand argentier du Roi
- 1440 : Invention de l'imprimerie par Gutenberg
- 1445
- 1450
- 1453 : Jacques Cœur condamné à l'exil ; Prise de Constantinople par les Turcs
- 1455
- 1456 : Décès de Jacques Cœur
- 1455

PETITE RÉCRÉATION HISTORIQUE

EXERCICE 25

Rattachez à chacun de ces héros le souverain lié à son histoire.

Attention : un même roi peut être associé à plusieurs héros.

Du Guesclin ●	● Philippe VI de Valois
Étienne Marcel ●	● Jean II le Bon
Eustache de Saint-Pierre	● Charles V
Jacques Cœur ●	● Charles VII
Jeanne d'Arc ●	
Le Grand Ferré ●	

EXERCICE 26

Associez le nom d'un personnage aux villes suivantes.

Du Guesclin ●	● Bourges
Étienne Marcel ●	● Calais
Eustache de Saint-Pierre ●	● Château-neuf-de-Randon
Jacques Cœur ●	● Creil
Jeanne d'Arc ●	● Orléans
Le Grand Ferré ●	● Paris

EXERCICE 27

Classez par ordre chronologique les cinq batailles suivantes : *siège de Châteauneuf-de-Randon, prise de Constantinople par les Turcs, victoire de Cocherel, défaite de Crécy, siège victorieux d'Orléans.*

....

....

....

....

....

EXERCICE 28

Reconnaissez les vrais ennemis de nos héros.

Les Anglais - Le dauphin Charles (futur CharlesV) - Charles le Mauvais, roi de Navarre - Les Turcs.

Attention : plusieurs héros peuvent avoir les mêmes ennemis.

Eustache de Saint-Pierre : ....

Le Grand Ferré : ....

Étienne Marcel : ....

Du Guesclin : ....

Jeanne d'Arc : ....

Jacques Cœur : ....

EXERCICE 29

Attribuez à chaque héros le sort qui lui fut réservé.

Assassiné - Condamné à mort, puis exécuté - Condamné à mort, puis gracié - Décédé d'un malaise ou d'une maladie - Mort au combat.
Attention : plusieurs héros ont connu le même sort.

Eustache de Saint-Pierre :

……………………………………………

Le Grand Ferré :

……………………………………………

Étienne Marcel :

……………………………………………

Du Guesclin :

……………………………………………

Jeanne d'Arc :

……………………………………………

Jacques Cœur :

……………………………………………

EXERCICE 30

Parmi ces trois héros, quels sont ceux qui, vivant à la même époque, auraient pu se connaître ?

A. Du Guesclin B. Jacques Cœur
C. Jeanne d'Arc

……………………………………………

……………………………………………

……………………………………………

EXERCICE 31

Combien d'années se sont écoulées :

A. entre le siège d'Orléans et la mort de Jeanne d'Arc ? ……………………………………………

……………………………………………

B. entre la mort de Du Guesclin et la mort de Jeanne d'Arc ? ……………………………………………

……………………………………………

C. entre la mort de Jeanne d'Arc et la mort de Jacques Cœur ? ……………………………………………

……………………………………………

EXERCICE 32

Trouvez les sept mots manquants à ce résumé d'histoire de France.

Charles VII est sauvé par l'héroïsme de ……………………… . Celle-ci, victorieuse à ……………………… (1429), fait sacrer le roi à ……………………… . Elle est faite prisonnière à ……………………… et elle est brûlée à ……………………… (1431). En 1453, les Anglais ne possèdent plus que ……………………… . La guerre de ……………………… est terminée.

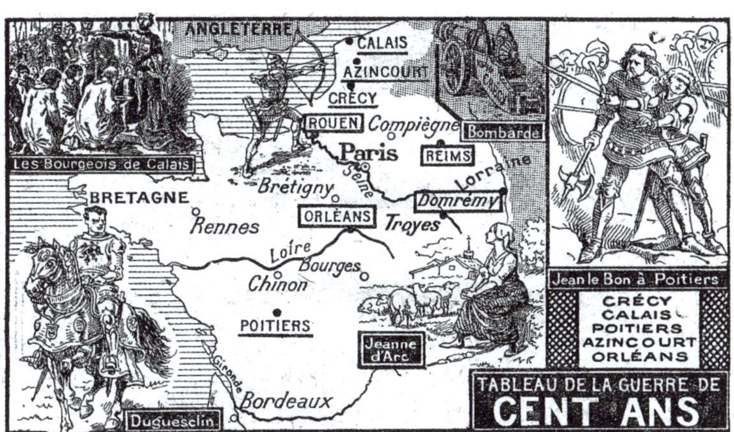

RÉPONSES AUX EXERCICES

QUIZ GAULE ROMAINE

1. Gergovie 2. Jules César 3. Ayant survécu à diverses tortures, elle fut achevée par le glaive 4. Constantin 5. Saint Hilaire, saint Martin et saint Didier 6. Son manteau 7. Sainte Blandine 8. 476

VERCINGÉTORIX

L'étoffe d'un héros : 1. Vrai 2. Vrai 3. Faux, il resta prisonnier pendant 6 ans. 4. Faux, en 46 avant J.-C.

Legs spirituel : 1. A 2. B

BLANDINE

Découvrez l'issue :
1. A 2. B 3. A 4. A 5. A 6. B

Où et quand ?
1. 177 2. 274 3. 233 4. 313 5. 312 6. 244

SAINT MARTIN

Revers de la médaille : 1. Vrai 2. Faux 3. Vrai 4. Faux, Il la couvrit de ruines.

L'écho de notre temps : Jacques Prévert.

Où et quand ? 1. 356 2. 316 3.371 4. 397

SAINTE GENEVIÈVE

Mythe ou réalité ? Paris

Avis autorisé : Vrai

L'écho de notre temps : 1. B 2. A

QUIZ GAULE FRANQUE

1. Charlemagne 2. Clovis 3. Saint Éloi 4. Dagobert 5. La bataille de Poitiers 6. Reims 7. Pépin le Bref 8. Roland.

CLOVIS

Le saviez-vous ? 1. Vrai 2. Faux, il fut vainqueur 3. Faux, c'est parce qu'il attribue sa victoire au dieu de Clotilde qu'il renonce à l'idolâtrie et se fait baptiser 4. Vrai.

L'écho de notre temps : Charles de Gaulle

Où et quand ? 1. 481 2. 466 3. 496 4. 493 5. 486 6. 511 7. 507

DAGOBERT

Erreur fatale : 1. C 2. A et B.

Revers de la médaille :1, 4, 6, 7

CHARLES MARTEL

Le saviez-vous ?
Plectrude était la première épouse du défunt père de Charles Martel.

Mythe ou réalité ? 2.

Où et quand ?
1. 690 2. 714 3. 711 4. 717 5. 725 6. 741

PÉPIN LE BREF

Le saviez-vous ? 1.

Legs spirituel : 1.

Où et quand ?
1. 715 2. 732 3. 751 4. 741 5. 768 6. 759

CHARLEMAGNE

Le saviez-vous ? 1. A 2. C 3. B

Citation de Charlemagne : 1. naissance 2. l'orgueil 3. instruits

Apothéose : 1.

ROLAND

Le saviez-vous ? 3.

Trahison fatale : Ganelon.

Où et quand ?
1. 768 2. 778 3. 774 4. 800 5. 843.

QUIZ MOYEN ÂGE

1. 1096 à 1099 2. Les Normands 3. Les Capétiens 4. Louis le Gros 5. Louis IX 6. Philippe Le Bel 7. Richard Cœur de Lion.

EUDES

Actes de résistance :
1. Vrai 2. Faux, ils sont douze 3. Vrai 4. Vrai 5. Faux, les Normands les égorgent 6. Vrai 7. Vrai.

Le père d'Eudes : Robert le Fort.

La morale de l'histoire : Les Capétiens.

Où et quand ?
1. 852 2. 888 3. 885 4. 898

PIERRE L'ERMITE

Le saviez-vous ? Urbain II.

Mots Mêlés :

V	R	T	J	O	Y	S	U	E	S
D	L	B	I	U	J	E	O	R	E
P	A	U	V	R	E	S	U	E	N
S	G	N	S	G	S	E	F	N	T
U	B	G	E	E	R	E	N	F	I
I	M	Y	R	U	M	U	F	A	V
O	L	H	O	M	M	E	S	N	K
O	U	B	E	E	E	A	J	T	E
N	A	S	O	S	F	R	E	S	C
L	S	D	N	O	B	A	G	A	V

LOUIS LE GROS

Le saviez-vous ? Le Batailleur
Aide providentielle : 1111
Revers de la médaille : 1. Vrai 2. Vrai 3. Faux, L'évêque prit peur, se cacha dans sa cave dans un tonneau vide 4. Vrai 5. Faux.

PHILIPPE AUGUSTE

L'étoffe d'un héros : 2.
Le saviez-vous ?
Philippe Auguste est le petit-fils de Louis le Gros et le fils de Louis VII dit Le Jeune.
Aide providentielle : Dans un tonneau.

SAINT LOUIS

Le saviez-vous ? Blanche de Castille.
Parole historique : 2.
Découvrez l'issue :
1. B 2. A 3. A 4. A 5. A 6. B 7. A

PHILIPPE LE BEL

Revers de la médaille :
1. Vrai 2. Faux, il modifie la valeur de la monnaie en frappant des pièces qui contiennent moins de métal précieux. 3. Vrai 4. Faux.
Raison d'état : 1, 2 et 3.
Mythe ou réalité ? 1.

EUSTACHE DE SAINT-PIERRE

Le saviez-vous ?
1. Jean d'Aire 2. Jacques et Pierre de vissant
3. Jean de Vienne 4. Andre d'Ardres.
Découvrez l'issue : 1, 4, 5, 8, 10.
Guerre de Cent Ans : La loi salique qui interdisait aux femmes de succéder au trône de France pour s'opposer à la montée d'Edouard III.

LE GRAND FERRÉ

L'étoffe d'un héros : 1. B 2. C
Issue fatale : 1. Les Jacques 2. La grande Jacquerie.
Où et quand ?
1. 1330 2. 1337 3. 1350 4. 1358 5. 1369.

ÉTIENNE MARCEL

Raison d'état : 1. Vrai 2. Faux 3. Vrai 4. Faux.
Trahison fatale : 2. et 4.
Parole historique : 1.

DU GUESCLIN

Stratège hors pair : 1. B 2. A et B
Honneur au vaincu : 1. B 2. Calais, Cherbourg, Brest, Bordeaux, Bayonne.

JEANNE D'ARC

Le saviez-vous ? 17 ans.
Mythe ou réalité ? 1.
Devise : 3.
L'écho de notre temps : Jean Cocteau.

JACQUES CŒUR

Le saviez-vous ? Bourges
Mots mêlés :

N	O	T	Y	U	R	S	U	A	S
E	L	B	I	U	E	E	R	R	E
G	A	U	A	R	I	G	U	E	N
O	G	R	U	E	T	A	M	R	A
C	B	A	N	Q	U	I	E	R	I
I	M	Y	R	U	E	U	F	A	V
A	R	G	E	N	T	I	E	R	K
N	U	B	G	E	R	A	J	E	E
T	D	N	A	H	C	R	A	M	R
L	S	D	L	O	I	A	G	A	V

Disgrâce fatale :
1. Vrai 2. Vrai 3. Faux, il dut demander pardon pour des crimes qu'il n'avait pas commis.
Destin funeste :
« À cœur vaillant, rien d'impossible. » Jacques Cœur

PETITES RÉCRÉATIONS HISTORIQUES

Exercice 1 : A. De 52 av. J.-C. à 46 av. J.-C., soit 6 ans B. De 177 à 312, soit 135 ans C. De 371à 451, soit 80 ans.
Exercice 2 : Attila : Méry, Orléans, Troyes ; Blandine : Lyon ; Geneviève, Lutèce, Nanterre ; Martin : Amiens, Marmoutier, Tours ; Vercingétorix : Alise-Sainte-Reine.
Exercice 3 : 1. Chrétiens 2. Blandine 3. saint Martin 4. Tours 5. Asie 6. Attila 7. Fléau 8. Catalauniques.
Exercice 4 : A. 7 B. 1 C. 6 D. 3 E. 5 F. 2 G. 4 H. 8
Exercice 5 : B.
Exercice 6 : Vercingétorix et César – Blandine et Pothin, évêque de Lyon – saint Martin et l'empereur Maxime.
Exercice 7 : Vercingétorix et résister – Blandine et souffrir – saint Martin et partager – sainte Geneviève et prier.

Exercice 8 :
Vercingétorix : guerrier et reddition ; Blandine : esclave et taureau ; saint Martin : manteau et soldat ; sainte Geneviève : bergère et ravitaillement ; Clovis : Premier roi chrétien.
Exercice 9 : C.
Exercice 10 : 1. plaines 2. Éloi 3. essoufflée 4. lapin.
Exercice 11 : Clovis et saint Rémi – Dagobert et saint Eloi – Charles Martel et saint Martin – Clovis et Saint Boniface.
Exercice 12 : Clovis et les Wisigoths – Dagobert et les Bulgares – Charles Martel et les Arabes – Pépin le Bref et les Lombards – Charlemagne et les Saxons – Roland et les Basques.
Exercice 13 : Clovis, Soissons, Tolbiac – Dagobert, Clichy – Charles Martel, Nîmes, Poitiers – Pépin le Bref, Soissons – Charlemagne, Aix la Chapelle, Rome – Roland, Roncevaux.
Exercice 14 : Charlemagne et Joyeuse – Olivier et Hauteclaire – Roland et Durandal.
Exercice 15 : 1. Tolbiac (496) 2. Vouillé (507) 3. Poitiers (732) 4. Roncevaux (778).
Exercice 16 : Dagobert (629-639) = 10 ans - Charles Martel (716-741) = 25 ans - Clovis (481-511) = 30 ans - Charlemagne (768-814) = 46 ans
Exercice 17 : Eudes et Charles le Gros – Pierre l'Ermite et Urbain II – Louis le Gros et Suger – Philippe Auguste et Richard Cœur de Lion – Saint Louis et Blanche et Castille – Philippe le Bel et Clément.
Exercice 18 : Louis VI le Batailleur – Louis VI le Gros – Philippe II Auguste – Louis IX Saint Louis – Philippe IV le Bel.
Exercice 19 : Pierre l'Ermite : Amiens et Jérusalem – Philippe Auguste : Bouvines et Saint-Jean-d'Acre – Saint Louis : Tunis et Vincennes – Philippe le Bel : Courtrai et Lyon.
Exercice 20 : Eudes : les Normands – Pierre l'Ermite : les infidèles – Louis le Gros : les seigneurs pillards – Philippe Auguste : les Anglais, les grands seigneurs du midi de la France, les Juifs, les seigneurs pillards. – Saint Louis : les grands seigneurs du midi de la France, les infidèles. – Philippe le Bel : les Anglais, les Flamands, les Juifs, les Templiers.
Exercice 21 : 1. La défense de Paris contre les Normands (885) 2. La prise de Jérusalem par les croisés (1099) 3. La prise de Saint-Jean-d'Acre par les croisés (1191) 4. La bataille de Bouvines (1214) 5. Le siège de Tunis contre les musulmans (1270) 6. La bataille de Courtrai (1302).
Exercice 22 : Philippe le Bel (1285-1314) = 29 ans - Philippe Auguste (1180-1223) = 43 ans - Saint Louis (1226-1270) = 44 ans.
Exercice 23 : A. De 1099 à 1270, soit 171 ans B. De 1099 à 1191, soit 92 ans C. De 1099 à 1307, soit 208 ans.
Exercice 24 : A. Une seule, la première, arrivée devant Jérusalem en 1099. B. Trois rois : Louis VII, Philippe Auguste, Saint Louis. C. Saint Louis.
Exercice 25 : Du Guesclin et Charles V – Étienne Marcel et Charles V – Eustache de Saint Pierre et Philippe VI de Valois - Jacques Cœur et Charles VII - Jeanne d'Arc et Charles VII – Le grand Ferré et Jean II le Bon.
Exercice 26 : Du Guesclin et Château-neuf-de-Randon – Étienne Marcel et Paris – Eustache de Saint Pierre et Calais - Jacques Cœur et Bourges - Jeanne d'Arc et Orléans – Le grand Ferré et Creil.
Exercice 27 : 1. Défaite de Crécy (1346) 2. Victoire de Cocherel (1364) 3. Siège de Château-neuf-de-Randon (1380) 4. Siège victorieux d'Orléans (1429) 5. Prise de Constantinople par les Turcs (1453).
Exercice 28 : Eustache de Saint Pierre et les Anglais – Le grand Ferré et les Anglais – Étienne Marcel et le dauphin Charles – Du Guesclin et les Anglais – Jeanne d'Arc et Charles le Mauvais, roi de Navarre – Jacques Cœur et les Turcs.
Exercice 29 : Eustache de Saint Pierre : condamné à mort puis gracié – Le grand Ferré ; décédé d'une maladie – Étienne Marcel : condamné à mort puis exécuté – Du Guesclin : mort au combat – Jeanne d'Arc : condamnée à mort puis exécutée – Jacques Cœur : mort au combat.
Exercice 30 : Jacques Cœur et Jeanne d'Arc.
Exercice 31 : A. De 1429 à 1431, soit 2 ans B. De 1380 à 1431, soit 51 ans C. De 1431 à 1461, soit 30 ans.
Exercice 32 : Jeanne d'Arc - Orléans – Reims - Compiègne - Rouen - Calais – Cent Ans.

Jacques Gimard

PETIT CAHIER DE GÉOGRAPHIE

Jouez à réviser vos classiques !

ÉDITIONS FRANCE LOISIRS

Sommaire

Visages de la France

LA POSITION DE LA FRANCE
LA FORMATION GÉOLOGIQUE DE LA FRANCE
LES FRONTIÈRES DE LA FRANCE
LES PEUPLES DE LA FRANCE

LA POSITION DE LA FRANCE

Leçon de géographie

La France est située dans la zone tempérée du Nord, au centre des continents et à l'extrémité occidentale de l'Europe. Elle est après la Russie et l'Allemagne, le pays le plus étendu d'Europe. Quatre mers ouvrent à la France le chemin de tous les pays du monde. Les Pyrénées et les Alpes forment des frontières au sud et au sud-est. Par ses frontières du nord et de l'est, elle communique avec la plus grande plaine de l'Europe du Nord et avec l'Asie.

EXERCICE 1

Comparez la France aux grands pays du monde.
La France est :

A. Près de 10 fois plus petite que ....

B. Près de 16 fois plus petite que ....

C. Près de 18 fois plus petite que ....

D. Près de 21 fois plus petite que ....

E. Près de 41 fois plus petite que ....

Choisissez parmi ces cinq pays :
Brésil • Chine • États-Unis • Inde • Russie.

EXERCICE 2

Trouvez les trois raisons expliquant pourquoi la situation de la France dans le monde est propice au « développement de la civilisation ».

• ....
....

• ....
....

• ....
....

Éloge de la France

La France est située au centre des continents. Il y a à peu près la même distance de Paris au Nord-Est de l'Asie et au Nord-Ouest de l'Amérique, de Paris à la Nouvelle-Zélande et au cap Horn, pointe sud de l'Amérique. En Europe, la France est située entre le centre du continent et son extrémité formée par l'Espagne, entre la mer ancienne, la Méditerranée, et la mer nouvelle, l'Atlantique, qui conduit aux mondes modernes et aux mondes inconnus.
Elle occupe donc une situation très favorable pour le développement de la civilisation et du commerce.

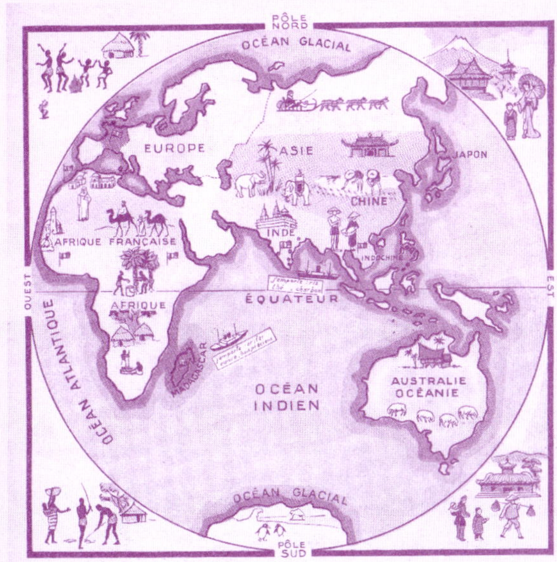

EXERCICE 3

Quelle distance est la plus longue ? Donnez une estimation de chaque distance.

- Dunkerque – Perpignan .... km
- Brest – Strasbourg .... km

EXERCICE 4

Nommez les quatre mers qui ouvrent à la France « le chemin de tous les pays du monde ».

1. ....
2. ....
3. ....
4. ....

La géo & les mots

⟶ **Gulf Stream :** Grâce à ce courant marin, Terre-Neuve est libre de glaces et on peut y pêcher la morue. C'est à son eau chaude que la Bretagne doit son climat doux et ses primeurs. C'est grâce à lui que l'Angleterre et l'Irlande ne sont pas prises dans les glaces, que la Norvège et l'Écosse septentrionale ont une température en hiver aussi chaude que les États-Unis, vers New York.

⟶ **Longitude et latitude :** On appelle degrés de longitude ceux qui sont parallèles au méridien et qui divisent l'équateur, et degrés de latitude ceux qui sont parallèles à l'équateur et qui divisent le méridien.
NB- La France est comprise entre le 7ᵉ degré longitude occidentale et le 5ᵉ degré longitude orientale ; entre le 42ᵉ et le 51ᵉ degré latitude nord.

La France en chiffres

La France mesure environ 975 kilomètres du nord au sud, et 950 kilomètres de l'est à l'ouest. Sa superficie est de 551 000 km². La superficie de la France représente la 18e partie de la superficie de l'Europe et la 900e partie de la surface de la Terre.
Sur le globe terrestre, la surface occupée par la France serait contenue 250 fois dans la superficie des terres émergées, et près de 1 000 fois dans la totalité de la surface du globe.

EXERCICE 5

A. Citez les 4 villes françaises par lesquelles passe le principal méridien de la France.

1. ....
2. ....
3. ....
4. ....

B. Par quel degré est-il indiqué sur les cartes ?

....

....

EXERCICE 6

A. Quelle région de France profite tout particulièrement d'un courant marin venu de très loin ?

....

....

B. Quel est le nom de ce courant ?

....

La France en une citation

« La France exerce sur l'Europe une véritable magistrature qu'il serait inutile de contester, dont elle a abusé de la manière la plus coupable. »
Joseph de MAISTRE — Considérations sur la France (1796)

EXERCICE 7

Pourquoi les méridiens sont-ils ainsi nommés ?

....

....

EXERCICE 8

Comment la France se trouve-t-elle par rapport au pôle Nord et à l'équateur ?

....

....

....

....

EXERCICE 9

Qu'appelle-t-on l'échelle d'une carte ?

....

....

....

EXERCICE 10

Complétez la phrase suivante en indiquant les unités de mesure.

- Une échelle à 1/100 000e signifie que.............. ....de la carte correspond à une longueur réelle de.................................. ....

Sentence géographique

Il faut nous faire à l'idée que notre pays, si célèbre et si beau, si aimable, si varié, si riche, n'est qu'une petite contrée de la Terre.

Leçon de géographie

Le sol de la France n'a pas partout le même âge. Il y a des roches vieilles de nombreux millions d'années, des montagnes et des plaines beaucoup moins anciennes. À une époque extrêmement reculée, la mer couvrait la plus grande partie de notre pays. Le Massif central, la Bretagne, les Vosges, formés de roches primitives, comme le granit et les schistes, sortaient seuls des flots. Lentement, à travers les siècles, les boues apportées des montagnes par les fleuves et les coquilles des animaux marins comblèrent d'abord les parties les moins profondes de mers qui séparaient ces îles, puis les lacs et les golfes restants. Ainsi se formèrent les terrains secondaires (vieux calcaires, craies anciennes), puis les terrains tertiaires (nouveaux calcaires, craies récentes, argiles, marnes, sables). Enfin, de nos jours encore, les alluvions des fleuves créent des terrains quaternaires.

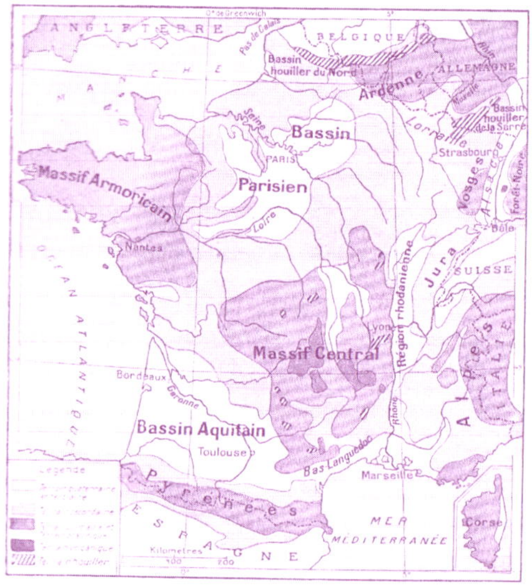

Carte géologique de la France.

EXERCICE 11

Associez les cinq produits naturels suivants à sa région traditionnelle d'exploitation :

craie • granit • grès • houille • schiste (ardoise).

A. Ardennes ....

B. Bretagne ....

C. Champagne ....

D. Massif central ....

E. Vosges ....

Exercice 12

Reliez les ressources suivantes au terrain auquel elles correspondent.

Argile •	
Calcaire tendre •	
Craie •	• *Terrains primaires*
Houille •	• *Terrains secondaires*
Pierre à bâtir •	• *Terrains tertiaires et quaternaires*
Sable fin •	
Schistes •	

Exercice 13

Complétez ce texte avec les mots manquants.

Bresse • Champagne • chaume • granit • imperméables • lave • plaine • sol • Vosges.

Suivant la nature du ………………… , l'aspect des maisons varie. Celles-ci sont de lourd ………………… dans la vieille Bretagne, de blanc calcaire dans la ………………… crayeuse, de ………………… noirâtre dans la volcanique Auvergne. En revanche, dans la ………………… argileuse, l'absence de matériaux solides explique la maison basse, en torchis et en briques, couverte de ………………… . Sur les terrains ………………… (argile, granit), par exemple dans les ………………… , où l'eau ruisselle partout, on peut construire sa maison où l'on veut et les habitations sont isolées et dispersées dans la campagne. En Champagne, où l'eau manque dans la ………………… , les villages sont plus nombreux le long des ruisseaux.

La France en chiffres

La température du sol augmente de un degré par 30 mètres au fur et à mesure qu'on pénètre dans l'intérieur de la terre.
À 2 000 mètres de profondeur environ, la vie devient impossible, car la température atteint 70 degrés.

Exercice 14

Restituez dans l'ordre chronologique, en numérotant de 1 à 6, les terrains qui se sont soulevés :

A. Alpes …………………………………………

B. Ardennes …………………………………………

C. Bretagne …………………………………………

D. Massif central …………………………………………

E. Pyrénées …………………………………………

F. Vosges …………………………………………

Éloge de la France

Par un privilège rare, il se trouve que sur le petit espace qu'elle prend sur le globe, la France possède la série à peu près complète des roches terrestres, du granit primitif aux limons des vallées, en passant par les assises secondaires et les couches terrestres. La Bretagne et le Massif central sont classiques en tant que pays de vieilles roches. L'Auvergne et le Velay le sont comme contrées volcaniques. Le bassin de Paris l'est pour la série des terrains qui vont des calcaires secondaires aux alluvions quaternaires.

1. — Le Mont Saint-Michel de Brasparts et un paysage granitique de la Bretagne.

2. — Le Col de Bussang et le sommet arrondi du Drumont, dans les Vosges granitiques.

3. — Une région calcaire des Causses.

5. — Une région argileuse de la Sologne.

Exercice 15

À propos des fossiles, démêlez le vrai du faux.

A. Des restes de squelettes humains fossilisés ont été retrouvés dans des terrains tertiaires.

☐ *Vrai* ☐ *Faux*

B. Les fossiles sont exclusivement des débris d'animaux.

☐ *Vrai* ☐ *Faux*

C. Les fossiles permettent de distinguer l'âge du terrain où ils sont retrouvés.

☐ *Vrai* ☐ *Faux*

D. Les fossiles se retrouvent dans une seule variété de terrain.

☐ *Vrai* ☐ *Faux*

Exercice 16

Associez ces qualificatifs aux deux types de roches ci-dessous :
dure • perméable • difficile à tailler • tendre • imperméable à l'eau • fait effervescence avec les acides.

A. Roche primitive granit ....

....

....

B. Roche sédimentaire calcaire ....

....

....

La géo & les mots

⟶ Les **roches primaires**, qui sont les plus anciennes, sont les plus dures, celles dont la décomposition donne les sols moins fertiles. Mais c'est parmi ces roches que l'on rencontre le plus souvent la houille.
⟶ Les **terrains secondaires** sont en général riches en calcaire et donnent des sols plus productifs. Le fer se trouve assez fréquemment dans ces terrains.
⟶ Les **terrains tertiaires**, très variés, donnent souvent de bonnes terres agricoles. On a retrouvé des parties de squelettes humains fossilisés dans les terrains tertiaires.
⟶ Les terrains **quaternaires** sont les plus récents. Ils sont en général très tendres et donnent des sols fertiles.

EXERCICE 17

Reliez les roches suivantes à leur qualificatif.

Argile •	
Calcaire •	
Gneiss •	
Granit •	• *Roches perméables*
Grès •	• *Roches imperméables*
Marne •	
Sable •	
Schiste •	

EXERCICE 18

Attribuez à chacune des périodes citées le ou les événements géologiques ci-dessous.

A. Ère primaire ....

B. Ère secondaire ....

C. Ère tertiaire ....

D. Ère quaternaire ....

1. *Apparition de l'homme sur la Terre.*
2. *Les mers couvrent presque toute la surface de la France.*
3. *Les mers se retirent pour toujours du Bassin parisien et de l'Aquitaine.*
4. *Fortes éruptions volcaniques en Auvergne.*
5. *Des sédiments marins forment des roches calcaires, sableuses et argileuses.*

EXERCICE 19

Dans cette liste, entourez les roches provenant de matières en fusion.

Argile • basalte • granit • grès • marnes • sable • schiste.

La France en une citation

« En nationalité, c'est tout comme en géologie, la chaleur est en bas ; aux couches inférieures, elle brûle. »
Jules MICHELET — Le Peuple (1846)

Leçon de géographie

Les limites de la France sont, à l'ouest, la Manche et l'Atlantique ; au sud, les Pyrénées et la Méditerranée ; à l'est, les Alpes, le Jura et le Rhin ; enfin au nord, une ligne conventionnelle allant du Rhin à la mer du Nord.
Par ses frontières continentales, la France touche à l'Espagne, au sud-ouest ; à l'Italie, au sud-est : à la Suisse, à l'est ; à l'Allemagne et à la Belgique, au nord-est. Elle est voisine de l'Angleterre dont la Manche la sépare.

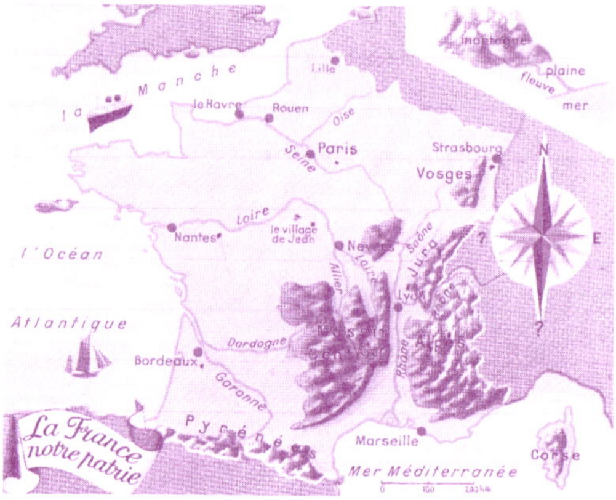

EXERCICE 20

Pourquoi les invasions ont-elles souvent pénétré en France par le nord ?

....

....

EXERCICE 21

Au regard de ses frontières, pourquoi la France est-elle un pays continental autant qu'un pays maritime ?

....

....

....

....

....

La géo & les mots

→ **Continent** : Mille kilomètres à peine séparent Zuydcoote des Pyrénées ; onze cents, Brest de Menton. En moins d'une journée, on passe des brumes du nord et de l'ouest au pays du mistral et aux rives lumineuses et sèches de la Provence. Toulouse est un peu plus au sud que Florence, Lille un peu plus au Nord que Coblentz et que Cracovie. Combien de variétés de climat et de végétation dans ce raccourci de continent !

Sentence géographique

Certaines de nos frontières continentales (Pyrénées, Alpes, Jura, Rhin) sont des frontières naturelles qui protègent notre pays contre les invasions. Mais du Rhin à la mer du Nord, la limite est purement conventionnelle, et, de ce côté, la France a eu à se défendre contre les envahisseurs.

EXERCICE 22

Selon les repères géographiques suivants, identifiez les quatre mers ou océans qui baignent les côtes de France.

A. De la pointe Saint-Mathieu aux Pyrénées

....

B. Des Pyrénées orientales à la frontière d'Italie ....

....

C. Du Pas-de-Calais à la pointe Saint-Mathieu ....

....

D. De Dunkerque au Pas-de-Calais..........

....

....

EXERCICE 23

Quelles sont les principales frontières naturelles non maritimes de la France ?

....

....

....

....

EXERCICE 24

Quelle est la longueur des côtes françaises ?

A. 3 300 km
B. 2 500 km
C. 4 600 km
D. 5 500 km

Frontière du Nord-Est.

Éloge de la France

La France connaît une heureuse situation. Contrée à la fois maritime et continentale, elle a accès aux quatre mers. Or, le voisinage de la mer contribue à la douceur de son climat. D'autre part pour éviter de faire le tour de l'Espagne, on est comme invité à traverser la France pour aller de la Méditerranée au nord-ouest de l'Europe, et réciproquement. En même temps, nos côtes se creusent de grands golfes qui amènent les navires assez avant dans l'intérieur des terres ; elles se renflent en presqu'îles qui semblent aller au-devant des navigateurs et offrir aux commerces des stations. Cherbourg n'est-il pas appelé l'auberge de la Manche ?

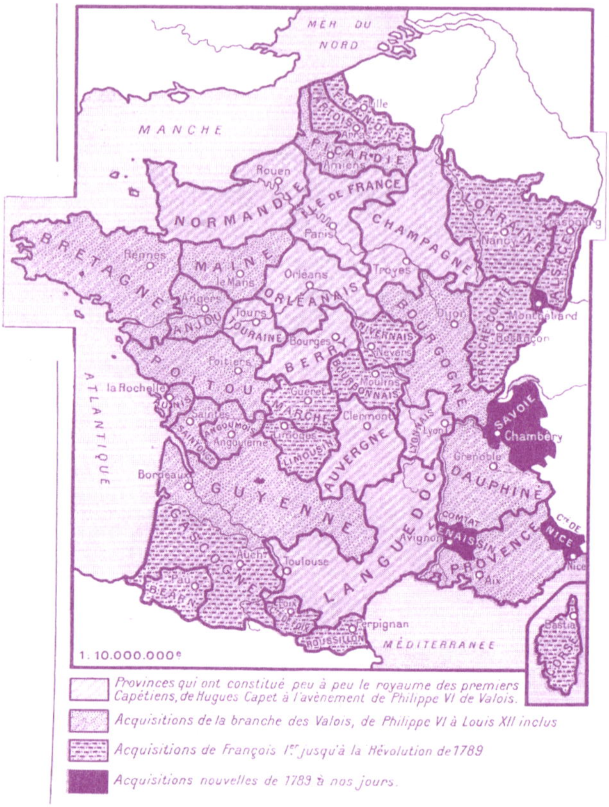

EXERCICE 25

Pourquoi, en Bretagne, l'hiver est-il plus doux que dans les autres parties de la France situées sur la même latitude ?

....

....

....

EXERCICE 26

Quelle est pour la France l'importance de la Méditerranée ?

....

....

La France en une citation

« Aujourd'hui, la patrie
est devenue l'Hexagone.
On ne meurt pas pour
une figure géométrique. »
Paul VALÉRY
Regards sur le monde actuel (1931)

La France en chiffres

Nous sommes limités par la terre à l'est et au sud, par la mer au nord, à l'ouest et au sud-est. Nos frontières maritimes ont environ 3 300 kilomètres de développement, sur quatre mers : mer du Nord, Manche, Atlantique et Méditerranée. Nos frontières terrestres ont 2 200 kilomètres, soit au total 5 500 kilomètres.

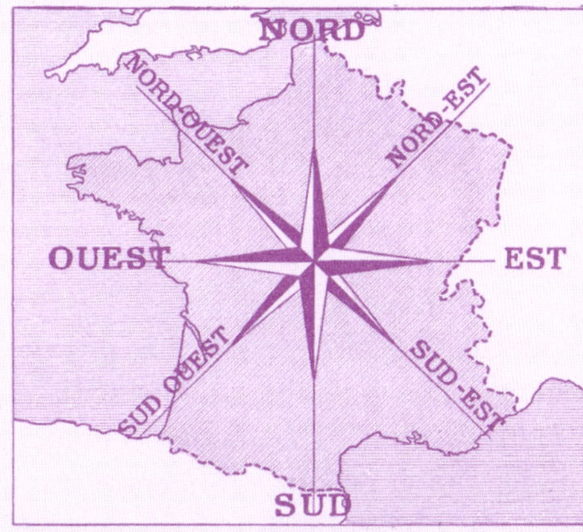

Rose des Vents

EXERCICE 27

Identifiez chacun des angles de l'Hexagone : attribuez la bonne position aux indications géographiques suivantes et portez leur nom sur la carte p. 22.

A. Au nord ....

B. À l'ouest ....

C. Au sud-ouest ....

D. Au sud ....

E. Au sud-est ....

F. À l'est ....

1. L'embouchure de la Bidassoa

2. Le cap Cerbère

3. Le mont Donon

4. Dunkerque

5. Menton

6. La pointe Saint-Mathieu

EXERCICE 28

Positionnez sur la carte p. 22 les « bornes » de la France, figurant dans la liste suivante : Belgique • Luxembourg • Jura • Rhône • lac de Genève • Alpes • Méditerranée • Pyrénées • océan Atlantique • Manche • Pas-de-Calais.

Leçon de géographie

Au cours de l'histoire, des peuples divers ont formé la nation française : pensez aux Gaulois, aux Romains, aux Francs. Aujourd'hui encore, la France est un pays d'immigration. Certains étrangers vivant sur notre territoire se font naturaliser et deviennent citoyens français. La nation française assimile les populations qui la composent et les habitants de nos diverses provinces abandonnent peu à peu leurs coutumes et traditions locales.

EXERCICE 29

Trouvez les deux intrus parmi ces anciennes provinces du centre de la France.

l'Auvergne • le Berry • le Bourbonnais • le Comtat Venaissin • le Limousin • l'Orléanais • le Nivernais • la Saintonge.

EXERCICE 30

Restituez l'ordre chronologique, en classant de 1 à 4, des grands courants d'invasion suivants, en précisant le siècle.

.... A. Invasion des Anglais .... siècle

.... B. Invasion des Arabes .... siècle

.... C. Invasion des Espagnols .... siècle

.... D. Invasion des Normands .... siècle

HISTOIRE DE FRANCE

LES POPULATIONS DE LA FRANCE

Fig. 97. — Basque. Fig. 98. — Celte : une Bretonne. Fig. 99. — Gaulois.

Fig. 100. — Provençal d'Avignon. Fig. 101. — Français du Nord. Fig. 102. — Normand de Rouen.

Les plus anciens habitants de notre sol sont : les **Basques** des Pyrénées, bruns, lestes, figure longue ; les **Celtes** de la Bretagne, à corps trapu et tête ronde ; les guerriers **Gaulois,** à peau blanche et nez recourbé. Puis, des envahisseurs sont venus : les **Romains,** à tête forte et cheveux bruns, parfois bouclés, comme l'habitant des bords du Rhône (grav. 100) ; des hommes du Nord, à haute taille, à cheveux blonds ou roux, tels le descendant des **Francs** (grav. 101) et le **Normand** (grav. 102).

La France en dates et lieux

La France s'est formée peu à peu, par l'agglomération successive de toutes les régions autour d'un centre, le bassin de Paris. Ces annexions se sont opérées en quatre étapes.

- **Époque capétienne :** Île-de-France et Orléanais (domaine primitif d'Hugues Capet), Berry.
- **Époque féodale :** Normandie, Touraine, Languedoc, Champagne, Lyon, Dauphiné, Poitou, Aunis et Saintonge.
- **XVe siècle :** Picardie, Guyenne et Gascogne, Bourgogne, Maine, Anjou, Provence.
- **Époque moderne :** Angoumois, Bourbonnais, Marche, Auvergne, Bretagne, Béarn, Comté de Foix, Limousin, Alsace, Artois, Roussillon, Nivernais, Flandre, Franche-Comté, Lorraine, Corse, Comtat Venaissin. Le comté de Nice et la Savoie rallièrent en dernier la France, en 1860.

EXERCICE 31

Quel roi a rallié le comté de Foix, le Béarn et la Navarre au royaume de France ?

A. Charles VII ☐

B. François Ier ☐

C. Henri IV ☐

D. Louis XIV ☐

La géo & les mots

→ **Diversité :** Le Breton ne ressemble pas à l'Auvergnat, le Parisien au Marseillais, le Picard au Gascon. Ces diversités résultent, d'une part, de l'influence des sols habités — granit ici, calcaire là, montagnes ou plaines — et, d'autre part, de la date plus ou moins récente à laquelle la région s'est fondue dans l'unité française.

Mais, au-dessus de ces différences locales, plane une commune manière de vivre et de sentir, comme de se nourrir et de se vêtir. Partout le Français est reconnaissable à sa bonne humeur et à sa politesse, à la clarté de son esprit, à la générosité de son cœur chevaleresque.

EXERCICE 32

Pourquoi, en parlant de certains habitants du centre de la France, les désigne-t-on sous le nom de Beaucerons ? Parmi les quatre affirmations suivantes, une seule est exacte.

☐ Parce que ce nom a une connotation péjorative au regard du mauvais caractère des habitants.

☐ Parce que les habitants de cette région ont un physique très particulier, incomparable à celui des gens du centre de la France.

☐ Parce que la plaine de la Beauce constitue une division naturelle du pays qui était reconnue en Gaule avant même la conquête romaine.

☐ Parce que les gens de Beauce, au tempérament frondeur, ont revendiqué leur indépendance sous la Révolution française.

Sentence géographique

La France est encore une des premières nations du monde. Sa richesse est considérable, sa force redoutée, son concours précieux. On ne peut rien faire sans elle. Aussi toutes les nations souhaitent-elles son amitié ou son alliance.

La France en une citation

« La fusion des races a commencé dès les âges préhistoriques. Le peuple français est un composé. C'est mieux qu'une race. C'est une nation. »

Jacques BAINVILLE — Histoire de France (1924)

EXERCICE 33

Quelles furent les dernières acquisitions territoriales de la France ?

....

....

....

....

La géo & les mots

→ **Nation :** La population française s'est formée par des apports successifs qui ont constitué une nation très unie, aux types divers, mais tous les membres aiment d'un égal amour leur commune patrie.

Étant donné la situation avantageuse de la France, et sa position à l'extrémité de l'Europe, de nombreux peuples sont venus s'installer dans notre pays. Parmi les plus anciens habitants de notre pays, il faut citer :

- **Les Celtes ou Gaulois**, grands et blonds, au nombre de 8 à 10 millions au temps de Jules César.
- **Les Ibères**, petits et bruns, dont les descendants sont les Basques qui habitent les Basses Pyrénées.
- **Les Ligures**, surtout dans les Alpes et le Sud-Est.
- **Les Grecs** ont établi des colonies sur les côtes de la Méditerranée. Les Phocéens – des Grecs de la côte d'Asie — ont fondé Marseille.
- **Les Romains**, en conquérant la Gaule, ont apporté la civilisation romaine.
- Du nord-est vinrent d'autres peuples, notamment des Francs et des Germains.

La France fut successivement envahie par les Arabes au VIIIe siècle, par les Normands au Xe, par les Anglais au cours de la guerre de Cent Ans, par les Espagnols au XVIIe, longtemps possesseurs de la Flandre, de l'Artois et de la Franche-Comté.

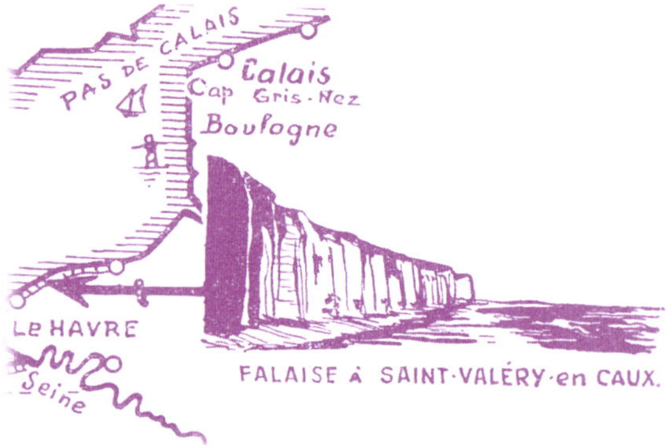

Exercice 34

Quels sont les deux principaux départements français situés dans les Antilles ?

• ....

....

• ....

....

Exercice 36

Parmi ces départements, quels sont ceux qui correspondent à l'ancienne province de Bretagne ?

A. Côtes-du-Nord
(aujourd'hui Côtes-d'Armor) ☐ *Vrai* ☐ *Faux*
B. Finistère ☐ *Vrai* ☐ *Faux*
C. Ille-et-Vilaine ☐ *Vrai* ☐ *Faux*
D. Maine-et-Loire ☐ *Vrai* ☐ *Faux*
E. Manche ☐ *Vrai* ☐ *Faux*
F. Mayenne ☐ *Vrai* ☐ *Faux*
G. Morbihan ☐ *Vrai* ☐ *Faux*
H. Loire-Inférieure
(aujourd'hui Loire-Atlantique) ☐ *Vrai* ☐ *Faux*
I. Vendée ☐ *Vrai* ☐ *Faux*

Exercice 35

Retrouvez le nom du département correspondant à chacun de ces anciens pays de France.

A. La Beauce •	• *1. Aveyron*
B. Le Boulonnais •	• *2. Dordogne*
C. Le Ponthieu •	• *3. Eure-Loire*
D. La Sologne •	• *4. Finistère*
E. La Cornouaille •	• *5. Loir-et-Cher*
F. Le Périgord •	• *6. Meuse*
G. Le Rouergue •	• *7. Pas-de-Calais*
H. Le Barrois •	• *8. Somme*

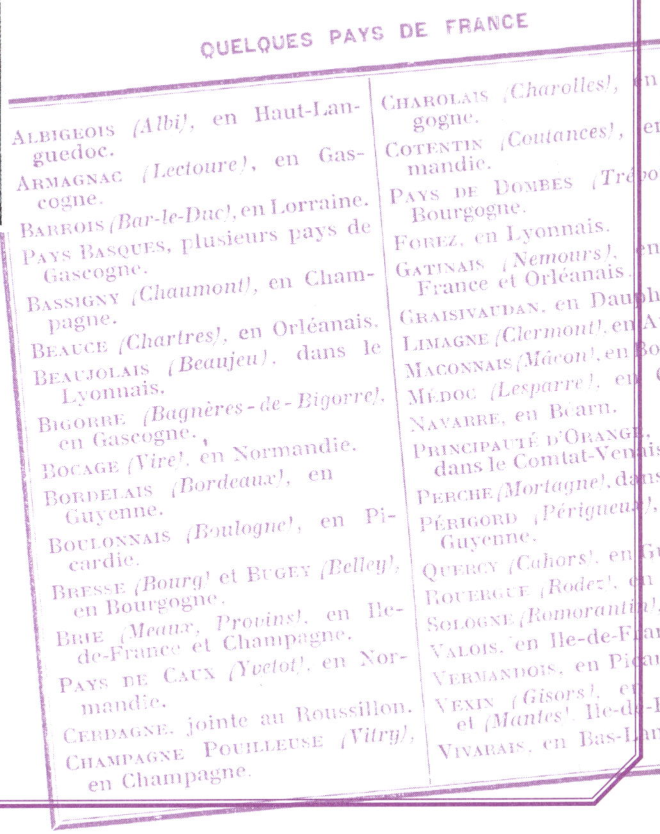

QUELQUES PAYS DE FRANCE

Albigeois *(Albi)*, en Haut-Languedoc.
Armagnac *(Lectoure)*, en Gascogne.
Barrois *(Bar-le-Duc)*, en Lorraine.
Pays Basques, plusieurs pays de Gascogne.
Bassigny *(Chaumont)*, en Champagne.
Beauce *(Chartres)*, en Orléanais.
Beaujolais *(Beaujeu)*, dans le Lyonnais.
Bigorre *(Bagnères-de-Bigorre)*, en Gascogne.
Bocage *(Vire)*, en Normandie.
Bordelais *(Bordeaux)*, en Guyenne.
Boulonnais *(Boulogne)*, en Picardie.
Bresse *(Bourg)* et Bugey *(Belley)*, en Bourgogne.
Brie *(Meaux, Provins)*, en Ile-de-France et Champagne.
Pays de Caux *(Yvetot)*, en Normandie.
Cerdagne, jointe au Roussillon.
Champagne Pouilleuse *(Vitry)*, en Champagne.
Charolais *(Charolles)*, en ... gogne.
Cotentin *(Coutances)*, en ... mandie.
Pays de Dombes *(Trévo...* Bourgogne.
Forez, en Lyonnais.
Gatinais *(Nemours)*, en ... France et Orléanais.
Graisivaudan, en Dauph...
Limagne *(Clermont)*, en A...
Maconnais *(Mâcon)*, en Bo...
Médoc *(Lesparre)*, en ...
Navarre, en Béarn.
Principauté d'Orange, dans le Comtat-Venaissin.
Perche *(Mortagne)*, dans ...
Périgord *(Périgueux)*, ... Guyenne.
Quercy *(Cahors)*, en Gu...
Rouergue *(Rodez)*, en ...
Sologne *(Romorantin)*, ...
Valois, en Ile-de-Fran...
Vermandois, en Picar...
Vexin *(Gisors)*, en ... et *(Mantes)*, Ile-de-F...
Vivarais, en Bas-Lan...

Tableau des provinces

(dans l'ordre où elles ont été rattachées au domaine royal)

Familles royales	Province	Rattachement	Capitales provinciales
Capétiens	**Ile-de-France**	*Hugues Capet*, 987	Paris
Capétiens	**Orléanais**	*Hugues Capet*, 987	Orléans
Capétiens	**Berry**	*Philippe Ier*, 1101	Bourges
Capétiens	**Languedoc**	*Philippe III le Hardi*, 1271	Toulouse
Capétiens	**Champagne**	*Philippe IV le Bel*, 1285	Troyes
Capétiens	**Lyonnais**	*Philippe IV le Bel*, 1312	Lyon
Capétiens-Valois	**Dauphiné**	*Philippe VI de Valois*, 1349	Grenoble
Capétiens-Valois	**Poitou**	*Charles V*, 1369	Poitiers
Capétiens-Valois	**Aunis**	*Charles V*, 1371	La Rochelle
Capétiens-Valois	**Saintonge**	*Charles V*, 1371	Saintes
Capétiens-Valois	**Normandie**	*Charles VII*, 1450	Rouen
Capétiens-Valois	**Guyenne**	*Charles VII*, 1453	Bordeaux
Capétiens-Valois – *Louis XI*	**Bourgogne**	*Louis XI*, 1477	Dijon
Capétiens-Valois – *Louis XI*	**Picardie**	*Louis XI*, 1477	Amiens
Capétiens-Valois – *Louis XI*	**Maine**	*Louis XI*, 1481	Le Mans
Capétiens-Valois – *Louis XI*	**Anjou**	*Louis XI*, 1481	Angers
Capétiens-Valois – *Louis XI*	**Touraine**	*Louis XI*, 1481	Tours
Capétiens-Valois – *Louis XI*	**Provence**	*Louis XI*, 1481	Aix
Capétiens-Valois	**Bretagne**	*Charles VIII*, 1491	Rennes
Orléans-Angoulême	**Angoumois**	*François Ier*, 1515	Angoulême
Orléans-Angoulême	**Bourbonnais**	*François Ier*, 1527	Moulins
Orléans-Angoulême	**Marche**	*François Ier*, 1527	Guéret
Bourbons	**Gascogne**	*Henri IV*, 1589	Auch
Bourbons	**Béarn**	*Henri IV*, 1589	Pau
Bourbons	**Comté de Foix**	*Henri IV*, 1589	Foix
Bourbons	**Limousin**	*Henri IV*, 1589	Limoges
Bourbons	**Auvergne**	*Louis XIII*, 1610	Clermont-Ferrand
Bourbons – *Louis XIV*	**Alsace**	*Louis XIV*, 1648	Strasbourg
Bourbons – *Louis XIV*	**Artois**	*Louis XIV*, 1659	Arras
Bourbons – *Louis XIV*	**Roussillon**	*Louis XIV*, 1659	Perpignan
Bourbons – *Louis XIV*	**Flandre**	*Louis XIV*, 1659	Lille
Bourbons – *Louis XIV*	**Nivernais**	*Louis XIV*, 1669	Nevers
Bourbons – *Louis XIV*	**Franche-Comté**	*Louis XIV*, 1678	Besançon
Bourbons	**Lorraine**	*Louis XV*, 1766	Nancy
Bourbons	**Corse**	*Louis XV*, 1768	Ajaccio
	Comtat-Venaissin	*Constituante*, 1791	Avignon
	Savoie	*Napoléon III*, 1860	Chambéry
	Comté de Nice	*Napoléon III*, 1860	Nice

Éloge de la France

Maintes races se mélangèrent en Gaule depuis les origines de l'histoire jusqu'à nos jours : Celtes, Romains, Francs, Saxons, Bretons, Normands. Le prodige de l'histoire de France fut de faire de tous ces éléments si variés un seul peuple, et la nation la plus homogène de tout l'univers.

EXERCICE 37

Parmi ces affirmations, reconnaissez le vrai du faux autour de la formation de la nation française.

1. La situation avantageuse de la France à l'extrémité de l'Europe a favorisé les apports successifs de populations étrangères avant même les invasions barbares. ☐ *Vrai* ☐ *Faux*
2. La France s'est formée peu à peu dès le Moyen Âge, grâce aux victoires des rois de France sur la féodalité. ☐ *Vrai* ☐ *Faux*
3. L'annexion des provinces à la couronne de France a débuté au cours du règne de Saint Louis. ☐ *Vrai* ☐ *Faux*
4. Malgré les diversités locales, la Monarchie comme la République ont su faire prévaloir une volonté commune de vivre ensemble. ☐ *Vrai* ☐ *Faux*
5. La nation française a su assimiler les populations parce que les habitants des diverses provinces ont délaissé peu à peu leurs coutumes et traditions locales. ☐ *Vrai* ☐ *Faux*
6. L'unité de la nation française s'est construite grâce à la Révolution française. ☐ *Vrai* ☐ *Faux*
7. Il a fallu attendre la proclamation de la République pour que la France devienne une nation. ☐ *Vrai* ☐ *Faux*
8. La nation française est une pure invention de la République. ☐ *Vrai* ☐ *Faux*

EXERCICE 38

Identifiez l'ancienne province à laquelle appartenait chacune de ces villes.

A. Bar-le-Duc •	• *1. Province de Bretagne*
B. Caen •	• *2. Province de Champagne*
C. Chartres •	• *3. Province d'Île-de-France*
D. Laval •	• *4. Province de Lorraine*
E. Mézières •	• *5. Province du Maine*
F. Paris •	• *6. Province de Normandie*
G. Rennes •	• *7. Province de l'Orléanais*

CARTE MUETTE

Placez sur la carte les indications demandées dans les exercices 27 et 28 :

Exercice 27 : Embouchure de la Bidassoa • Cap Cerbère • Mont Donon • Dunkerque • Menton • Pointe Saint-Mathieu.

Exercice 28 : Belgique • Luxembourg • Jura • Rhône • Lac de Genève • Alpes • Méditerranée • Pyrénées • Océan Atlantique • Manche • Pas-de-Calais.

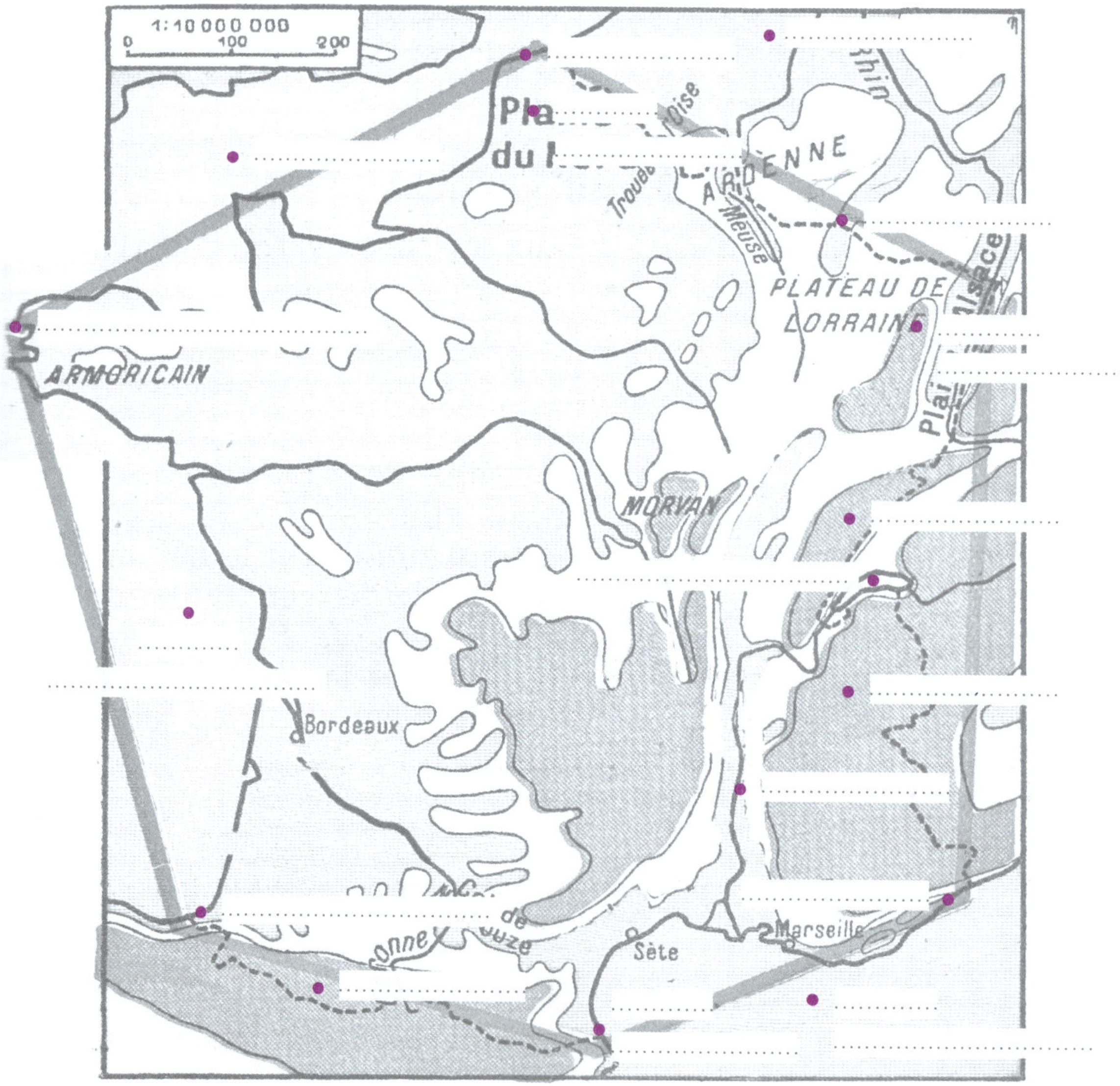

Singularités de la France

LE RELIEF DE LA FRANCE
LE CLIMAT DE LA FRANCE
LE DÉCOUPAGE DE LA FRANCE

Fig. 20. — Vue générale des plaines de France et des principaux reliefs.

LE RELIEF DE LA FRANCE

Leçon de géographie

Le relief du sol français est très varié : on y trouve des montagnes de formes et d'altitudes très différentes, des plateaux et des plaines.

Le relief du sol français comprend :

- Au centre, un ensemble de montagnes et de plateaux qui se dressent comme une forteresse : le Massif central ;
- Tout autour du Massif central, des plaines larges au nord et à l'ouest, étroites au sud et à l'est ;
- Des montages ou des plateaux, formant le plus souvent une frontière : les Pyrénées, au sud-ouest ; les Alpes, au sud-est ; le Jura et les Vosges, à l'est ; le Massif armoricain, à l'ouest.

EXERCICE 39

Attribuez à chacune de ces phrases le mot manquant qui convient :

chaîne • col • colline • glacier • massif • montagne • monts • plaine • plateau • vallée

- Une .... est une étendue de terrain presque plat.
- Un .... est une plaine élevée.
- Une .... est une petite hauteur.
- Une .... est une masse très élevée de terre et de roches.
- Une montagne comprend en général une série de hauteurs ou ....
- Plusieurs monts qui se suivent forment une .... de montagne.
- Si les monts constituent un bloc compact, ils forment un ....
- Un .... est un passage entre deux montagnes.
- Une .... est un espace entre deux montagnes, dans lequel coule en général un cours d'eau.
- Un .... est un énorme amas de glace qui descend lentement des montagnes.

Éloge de la France

Du côté continental, la France est largement reliée à l'Europe : elle pouvait donc facilement entrer en relation avec les peuples voisins, surtout par les plaines du nord et du nord-est (Flandre, Lorraine). Cette facilité des communications avec l'extérieur, par mer ou par terre, a beaucoup contribué au développement de notre civilisation. D'autre part, surtout constituée de vastes plaines communiquant aisément entre elles et partiellement protégée par une bordure de hautes montagnes, au sud et au sud-est, la France formait le cadre tout préparé pour le développement d'une nation fortement unie.

EXERCICE 40

Pour chacune de ces dix régions, identifiez la nature de son relief, entre plaine ou plateau.

- Berry *plaine / plateau*
- Bourbonnais *plaine / plateau*
- Bresse *plaine / plateau*
- Bretagne *plaine / plateau*
- Garonne *plaine / plateau*
- Langres *plaine / plateau*
- Lorraine *plaine / plateau*
- Pays de Caux *plaine / plateau*
- Sologne *plaine / plateau*
- Vendée *plaine / plateau*

EXERCICE 41

Associez à chacune de ces plaines une production spécifique.

1. Anjou •	• *A. Blé*
2. Beauce •	• *B. Forêts*
3. Champagne •	• *C. Fruits*
4. Landes •	• *D. Herbages*
5. Normandie •	• *E. Vins*

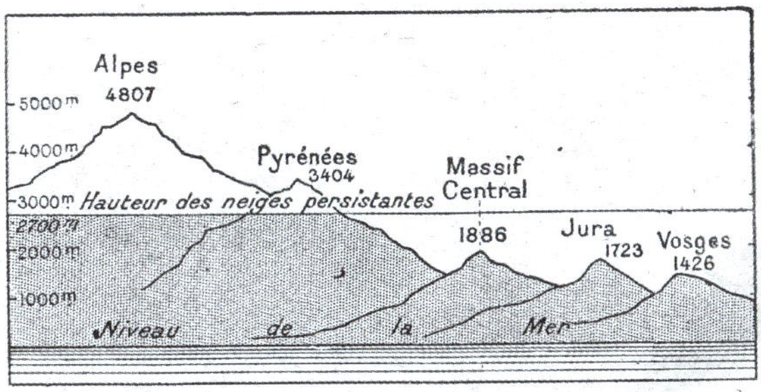

Fig. 257. — HAUTEUR COMPARÉE DES PRINCIPALES MONTAGNES FRANÇAISES.

La géo & les mots

→ **Haute France et Basse France** : Le sol de la France est incliné du sud-est au nord-ouest. Une ligne droite allant du golfe de Gascogne aux Ardennes diviserait la France en deux moitiés : la Haute France au sud et à l'est, et la Basse France au nord et à l'ouest.

La Haute France est sillonnée, du nord au sud, par les longues et étroites vallées de la Saône et du Rhône ; et de l'est à l'ouest, par celles de l'Aude et de la Garonne.

Ces vallées séparent les montagnes intérieures, qui composent le Massif central, des montagnes frontières : les Pyrénées, les Alpes et le Jura.

→ **Chaîne de partage des eaux** : Cette chaîne, des Cévennes et du Vivarais, dessine sur tout son parcours la ligne de terrain la plus élevée au-dessus du niveau de la mer.

Elle s'appelle ainsi parce qu'elle détermine la direction des rivières et des fleuves qui s'en vont, les uns vers la Méditerranée, les autres vers l'Océan et la Manche.

Pour autant, ces montagnes sont très accessibles : la communication s'établit aisément entre les deux côtés opposés.

La France en chiffres

Si la mer s'élevait de 200 mètres, toute la région des plaines serait presque entièrement couverte par l'eau, tandis qu'émergerait, dans sa plus grande partie, la région des montagnes. Si la mer s'élevait de 500 mètres, n'apparaîtraient plus que les Alpes, le Jura, les Vosges, le Massif central et les Pyrénées.

EXERCICE 42

Démêlez le vrai du faux à propos de la chaîne du partage des eaux.

1. Elle dessine la ligne de terrain la plus élevée au-dessus du niveau de la mer.
   ☐ *Vrai* ☐ *Faux*
2. Elle relie les monts d'Auvergne au Vivarais.
   ☐ *Vrai* ☐ *Faux*
3. Elle détermine la direction des rivières et des fleuves qui s'en vont, les uns vers la Méditerranée, les autres vers l'Océan et la Manche.
   ☐ *Vrai* ☐ *Faux*
4. Elle s'appelle ainsi en référence à une légende gauloise.
   ☐ *Vrai* ☐ *Faux*
5. Elle forme une barrière infranchissable.
   ☐ *Vrai* ☐ *Faux*

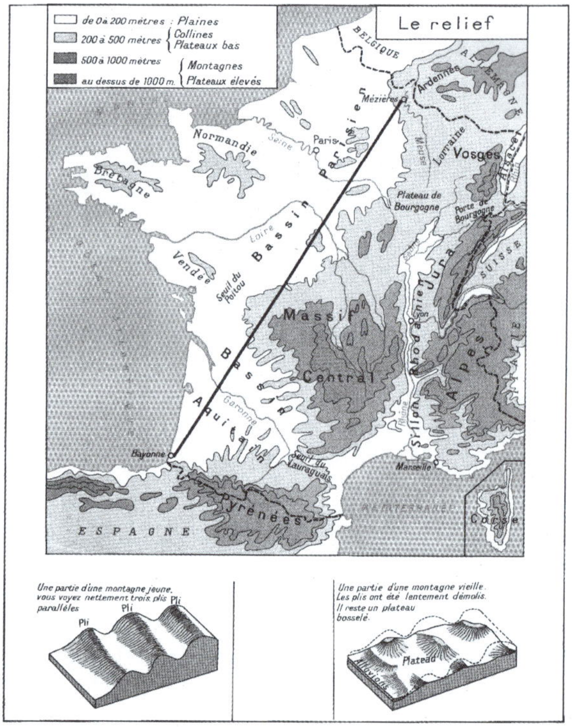

EXERCICE 43

Parmi ces cinq affirmations, trouvez les deux raisons qui expliquent la richesse de la plaine de la Beauce :

☐ A. Elle est plus fertile que les autres, car elle se situe au-dessous du niveau de la mer.

☐ B. Le niveau des pluies est supérieur à celui des autres plaines de France.

☐ C. La nature même du terrain (calcaires lacustres) rend la culture du blé très productive.

☐ D. Paris et Chartres constituent ses marchés les plus importants.

☐ E. Le nombre de propriétés agricoles y est beaucoup plus important qu'ailleurs.

EXERCICE 44

Sur cette carte des principaux reliefs de la France, à l'aide de flèches placez les plaines suivantes :

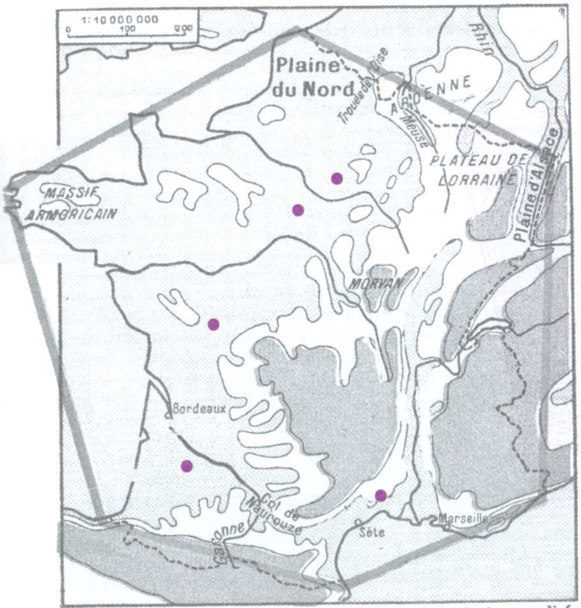

Fig. 20. — Vue générale des plaines de France et des principaux reliefs.

- plaine de la Beauce
- plaine de la Brie
- plaine de la Garonne
- plaine du Languedoc
- seuil du Poitou.

EXERCICE 45

Quelles sont les deux principales plaines du Massif Central ? Par quels cours d'eau sont-elles arrosées ?

....

....

....

....

....

....

....

Sentence géographique

Les deux parties principales du sol de la France, le dôme de l'Auvergne et le bassin de Paris, sont comme les deux pôles de notre sol. Ces deux pôles, s'ils ne sont pas situés aux deux extrémités d'un même diamètre, exercent en revanche autour d'eux des influences absolument contraires, l'un est creux et attractif, l'autre en relief et répulsif.

EXERCICE 46

Entourez l'intrus parmi les principales plaines du bassin de la Seine :

la plaine de la Beauce • la plaine de la Brie • la plaine de Champagne • la plaine de Normandie • la trouée de l'Oise.

La Géographie en une citation

« Il est bien difficile en géographie comme en morale de connaître le monde sans sortir de chez soi. »

VOLTAIRE — Dictionnaire philosophique

EXERCICE 47

Citez les deux grands lacs français situés en Savoie.

• ....

....

• ....

....

5. — **Périgueux,** l'ancienne capitale du Périgord qui a formé le département de la Dordogne, est bâtie sur un coude de l'Isle. Elle garde du moyen âge l'intéressante cathédrale romano-byzantine de Saint-Front caractérisée par ses multiples coupoles.

6. — **Le Pont-Canal d'Agen.** Agen est assise sur la rive gauche de la Garonne, au point où le canal latéral franchit le fleuve sur un pont-aqueduc, en pierre, de 23 arches et de 460 mètres de longueur. Au premier plan, la ligne de Bordeaux-Sète.

EXERCICE 48

Au moyen d'une flèche, attribuez chacun de ces reliefs à la bonne région.

1. Collines de Normandie •
2. Collines du Perche •
3. Monts Faucilles •
4. Plateau de Langres •
5. Plateau de la Côte d'Or •

• *A. entre la Moselle et le Rhône*
• *B. entre la Seine et la Loire*
• *C. entre la Saône et la Seine*

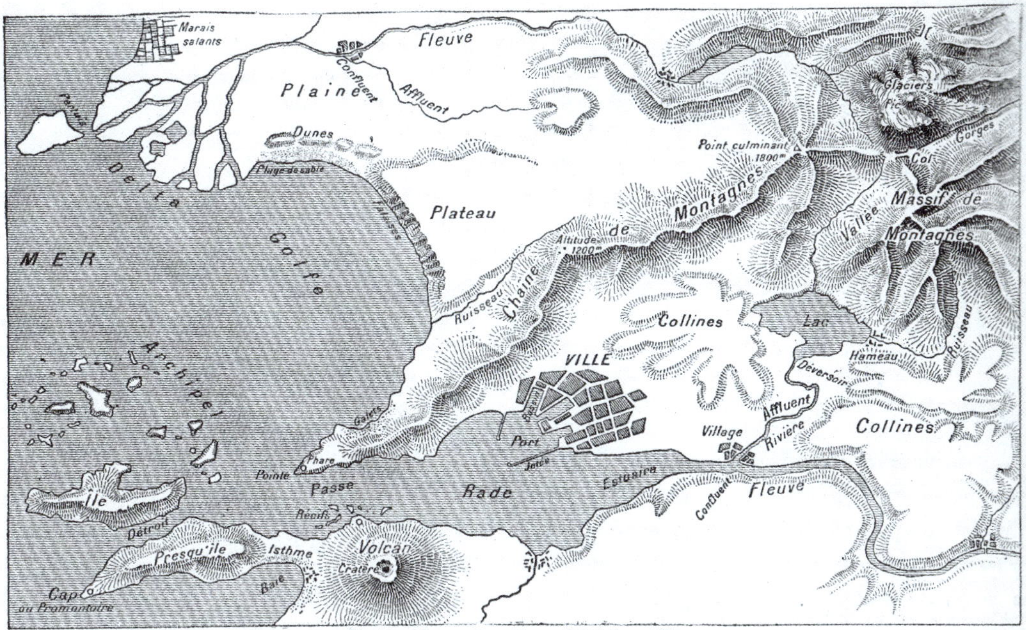

Fig. 14. — Termes géographiques : Relief, Mers et Côtes.

EXERCICE 49

Attribuez les bons qualificatifs à chacune de ces plaines de France.

1. La Beauce •	• *A. La plaine marécageuse*
2. La Champagne •	• *B. Une plaine crayeuse et riche en vins*
3. La Flandre •	• *C. « Le grenier de la France »*
4. La Sologne •	• *D. La grande plaine de l'Europe*

3. — **Pau**, l'ancienne capitale du Béarn, est bâtie sur les bords d'un plateau qui domine le Gave. Elle conserve le château où naquit Henri IV. De sa terrasse on jouit d'un magnifique panorama sur les Pyrénées. Grâce à la douceur de son climat, c'est une station hivernale très fréquentée, ce qui explique, plus que son commerce de chevaux et ses fabriques de chocolat, son rapide accroissement : (sa population a quadruplé en un siècle).

EXERCICE 50

Identifiez les points cardinaux des régions qui délimitent la Massif Central parmi : les Cévennes • la Charente • le Morvan • la trouée de Naurouze.

Au nord ....

À l'ouest ....

Au sud ....

À l'est ....

Leçon de géographie

La France a un climat tempéré.
Cela tient principalement :

- À sa situation en latitude : elle est située dans la zone tempérée, à peu près à égale distance du pôle Nord et de l'équateur.
- À son relief : les plaines basses dominent dans l'intérieur ; les montagnes sont situées sur le pourtour et la protègent des vents froids continentaux.
- À sa situation par rapport à la mer : ses plaines s'ouvrent largement à l'influence adoucissante soit de l'océan Atlantique, soit de la Méditerranée.

Le figuier de Roscoff.
Type de végétation abondante.

La France en chiffres

La température moyenne annuelle de la France est de 11° C : 9° C au nord et 15° C au sud.
La France reçoit 80 cm de pluie par an, avec des écarts compris entre 60 cm et 1,50 m. Une quantité ni excessive, ni insuffisante, puisque l'eau de pluie est indispensable pour l'agriculture.
Ces pluies sont surtout apportées par les vents humides de l'ouest. Elles se répartissent inégalement : en général, les plaines sont peu arrosées tandis que les versants montagneux, exposés aux vents d'ouest, reçoivent plus d'un mètre de pluie par an.

La géographie en citation

« Je doute que le gaz carbonique d'origine anthropique soit, dans un système aussi complexe que l'atmosphère, l'unique responsable du changement climatique. »
Claude ALLÈGRE — Mes vérités sur la planète (2007)

Exercice 51

Associez les vents suivants à la région où ils soufflent.

Le cers •	• *Roussillon*
La galerne •	• *Provence*
Le mistral •	• *Languedoc*
La tramontane •	• *Charente*

Exercice 52

Attribuez à chacune de ces phrases les mots manquants qui conviennent : bises • dominants • marins • mistral • nord-ouest • nord-est.

1. En France, les vents viennent .... du .... en hiver ; ce sont de vents .... tièdes et humides.

2. Cependant des vents secs et froids, appelés .... , soufflent parfois en hiver du ....

3. Un vent violent, le .... , souffle en hiver sur la région méditerranéenne.

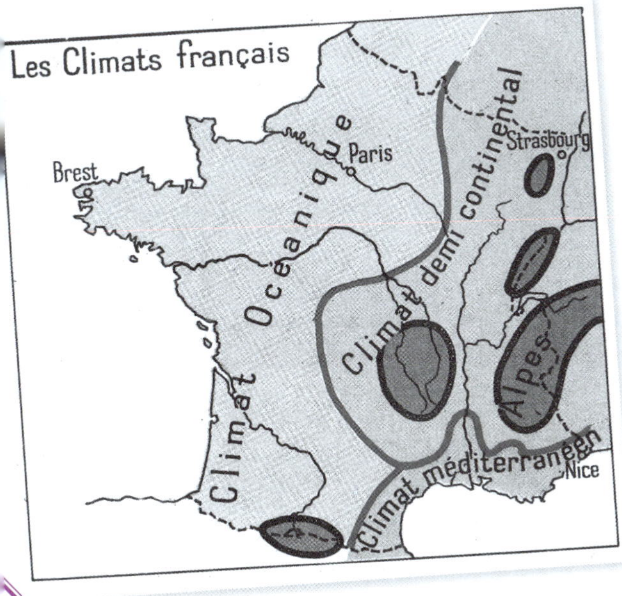

Exercice 53

Dans chacune de ces phrases, trouvez le mot intrus qui en fausse le sens, et indiquez le mot qui convient.

1. Le climat océanique provoque de grands écarts de températures entre l'été et l'hiver, et des pluies fréquentes. ⟶ ....

2. Le climat continental, avec de grands écarts de température entre l'été et l'hiver, apporte beaucoup de pluie et de la neige en hiver.
⟶ ....

3. Le climat méditerranéen, avec des étés très chauds et très secs, et des hivers rigoureux, apporte des pluies rares et violentes. et des pluies fréquentes. ⟶ ....

Exercice 54

Parmi ces cinq régions, entourez celle qui ne profite pas du climat maritime.

Bretagne • Gironde • Bassin parisien
Méditerranée • Lorraine.

Sentence géographique

Le climat de la France n'est pas uniforme. Il divise le pays en trois zones : la zone océanique, la zone continentale, la zone méditerranéenne.

1. — **La Plaine de la Beauce** est une des régions les plus sèches de la France ; mais les pluies, qui tombent surtout au printemps, au moment du développement des graminées, en font une terre à blé.

2. — **Les Pyrénées Centrales vues de Pau,** avec la double ci du Pic du Midi d'Ossau, au dernier plan et au centre. Cette régio une des plus humides de la France, porte surtout des bois et d pâturages.

La géo & les mots

→ Partout modéré, le climat de la France n'est pas partout identique. On distingue sept climats secondaires :

- Le climat breton, le plus humide et le plus tempéré
- Le climat girondin, un peu moins humide et plus chaud, par l'effet de la latitude plus basse.
- Le climat parisien, doux, frais, assez humide, pluies de printemps et d'automne
- Le climat auvergnat, aux hivers rudes, aux vents violents, aux pluies abondantes et aux étés chauds.
- Le climat vosgien, aux hivers rudes et longs, aux étés chauds et orageux
- Le climat lyonnais, plus doux dans les plaines et dans les vallées, plus rudes sur les montagnes, avec des pluies d'été.
- Le climat méditerranéen, aux hivers tièdes et aux étés chauds et secs, pluies violentes en hiver, vent froid du mistral.

EXERCICE 55

Associez les climats secondaires à partir des indices suivants.

A. Climat vosgien •	• 1. *Temps inégal, avec pluies abondantes.*
B. Climat parisien •	• 2. *Le plus humide, le plus brumeux.*
C. Climat méditerranéen •	• 3. *Humide et plus chaud que le climat breton.*
D. Climat lyonnais •	• 4. *Chaud en été, rigoureux en hiver, pluies abondantes.*
E. Climat girondin •	• 5. *Été chaud et sec, hiver doux et ensoleillé.*
F. Climat breton •	• 6. *Très doux, pluies abondantes mais peu fréquentes.*
G. Climat auvergnat •	• 7. *Été brûlant et orageux, hiver long et froid.*

EXERCICE 56

Au regard du climat des hautes montagnes, dans les Alpes ou les Pyrénées, citez dans quel type d'environnement — basse, moyenne ou haute altitude — on trouve :

1. Des arbres fruitiers ....
2. Des céréales ....
3. Des forêts de conifères ....
4. Des glaciers et neiges persistantes ....
5. Des lichens et mousses ....
6. Des pâturages d'été ....
7. Des prairies ....
8. Des arbres à feuilles caduques ....

EXERCICE 57

Associez chacun des climats secondaires à l'un des trois climats dominants : tempéré maritime, continental ou méditerranéen.

1. Climat auvergnat ....
2. Climat breton ....
3. Climat girondin ....
4. Climat lyonnais ....
5. Climat méditerranéen ....
6. Climat parisien ....
7. Climat vosgien ....

Éloge de la France

La France n'a ni hivers glacés ni étés brûlants : elle est le pays où il fait bon vivre. Les vents qui y soufflent ne sont ni brûlants, ni glacés, et les pluies qui l'arrosent ne sont point torrentielles. Le climat de la France varie selon les diverses régions. Les sept climats particuliers — *breton, girondin, parisien, méditerranéen, auvergnat, vosgien, lyonnais* —, se fondent les uns dans les autres comme les couleurs dans l'arc-en-ciel.

EXERCICE 58

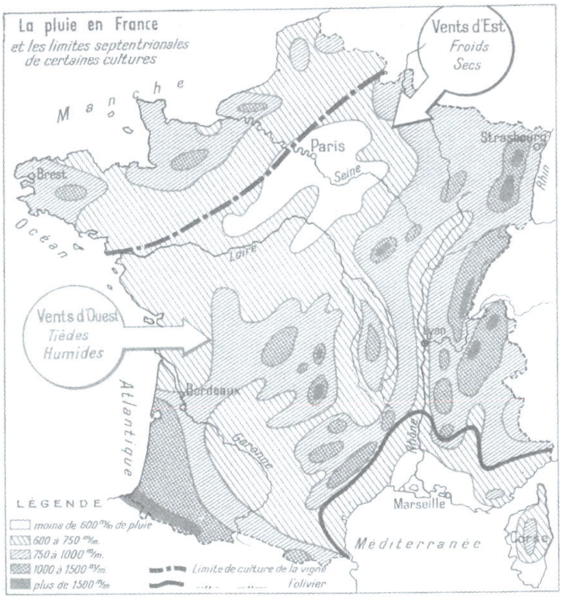

Sur la carte ci-dessus des climats secondaires de la France, identifiez et inscrivez les trois régions connaissant un hiver rude avec le signe (-) et les trois ayant un été chaud avec le signe (+)

EXERCICE 59

Démêlez le vrai du faux parmi ces affirmations.

1. Le Gulf Stream qui exerce une influence adoucissante le long des côtes de l'Europe occidentale est un courant d'eau chaude parti du golfe du Mexique et de la mer des Antilles. ☐ *Vrai* ☐ *Faux*
2. Soumises au climat continental, nos régions montagneuses reçoivent autant d'eau que les plaines voisines. ☐ *Vrai* ☐ *Faux*
3. La Méditerranée est plus chaude que l'Atlantique. ☐ *Vrai* ☐ *Faux*
4. Les pluies méditerranéennes sur la zone littorale de la Côte d'Azur s'écoulent en torrent sans pénétrer dans le sol, surtout en automne. ☐ *Vrai* ☐ *Faux*
5. Dans la vallée du Rhône et dans les plaines voisines, les cultures sont protégées contre le mistral par des haies de cyprès ou de tamaris. ☐ *Vrai* ☐ *Faux*

LE DÉCOUPAGE DE LA FRANCE

Leçon de géographie

Les régions naturelles comprennent plusieurs départements. Mais il arrive que certains départements se composent de fragments appartenant à plusieurs régions. Ainsi, le Haut-Rhin est formé d'une partie de la plaine d'Alsace, d'une partie des Vosges et d'un morceau de Jura.
Les grandes villes régionales tendent à supplanter nombre de chefs-lieux par l'attraction qu'elles exercent.
Le département est donc surtout une unité administrative. Au chef-lieu se trouve à la Préfecture, l'Inspection académique, la Trésorerie, etc. Pour autant le chef-lieu n'est pas toujours la ville la plus importante. En Saône-et-Loire, Chalon-sur-Saône est une ville plus peuplée et plus commerçante que Mâcon.

LES DÉPARTEMENTS

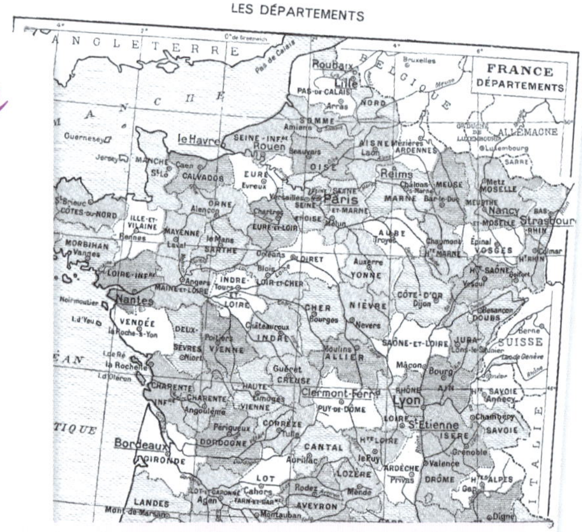

La France en chiffres

La France ne vient aujourd'hui, pour le chiffre de sa population — 46 millions d'habitants environ — qu'au cinquième rang parmi les États européens, après la Russie, l'Allemagne de l'Ouest, la Grande-Bretagne et l'Italie.
Alors que la population de ces pays a augmenté rapidement depuis le début du XXe siècle, celle de la France ne s'accroît que très lentement.
L'Assemblée constituante, en 1790, a institué la division officielle en départements. La France comprend 90 départements[1], 360 arrondissements, et plus de 36 000 communes.

NB- 1 Ces données chiffrées sont celles du début des années 1960. Il existe aujourd'hui 100 départements (dont 5 d'outre-mer).

EXERCICE 60

Parmi ces cinq départements, deux seulement ont conservé le nom historique de leur province de l'Ancien Régime. Lesquels ?

- La Corse
- La Dordogne
- Le Loiret
- La Moselle
- La Savoie

EXERCICE 61

Nommez six départements qui tirent leur nom d'un cours d'eau.

....

....

....

EXERCICE 62

Citez cinq départements qui tirent leur nom de leur situation vers la source d'un cours d'eau.

....

....

....

EXERCICE 63

Quels sont les trois départements que la France a perdus à l'issue de la guerre de 1870-1871 ?

....

....

....

La géographie en citation

« On ne plaisante pas avec la Préfecture. »
Jacques ANCELOT

EXERCICE 64

Nommez cinq départements qui tirent leur nom du relief du sol.

....

....

....

EXERCICE 65

Citez le nom des sept anciennes provinces du centre de la France.

....

....

....

....

EXERCICE 66

Retrouvez les noms de départements, de préfecture, ou les deux.

- 08 .... Charleville-Mézières
- 12 ....
- 18 ....
- 24 Dordogne ....
- 31 ....
- 44 Loire-Atlantique ....
- 53 .... Laval
- 67 .... Strasbourg
- 82 ....
- 89 .... Auxerre

EXERCICE 67

Identifiez l'origine du nom de chacun de ces départements.

1. Ardennes
2. Cantal
3. Finistère
4. Gironde
5. Haute-Garonne
6. Isère
7. Landes
8. Manche
9. Nord

- *A. Une situation géographique*
- *B. Une montagne environnante*
- *C. Une mer voisine*
- *D. Une référence à la nature*
- *C. Une mer voisine*
- *D. Une référence à la nature*
- *E. Un cours d'eau qui l'arrose*

Éloge de la France

Le Breton ne ressemble pas à l'Auvergnat, le Parisien au Marseillais, le Picard au Gascon. Ces diversités résultent, d'une part, de l'influence des sols habités — granits ici, calcaire là, montagnes ou plaines — et, d'autre part, de la date plus ou moins récente à laquelle la région s'est fondue dans l'unité française.
Mais au-dessus de ces différences locales plane une commune manière de vivre et de sentir, comme de se nourrir et de se vêtir. Partout le Français est reconnaissable à sa bonne humeur et à sa politesse, à la clarté de son esprit, à la générosité de son cœur chevaleresque.

La géo & les mots

→ **Département** : En 1790, l'Assemblée constituante décida de supprimer les anciennes provinces et d'organiser l'administration du pays d'une façon nouvelle. Elle délimita, sur le territoire français, des étendues à peu près équivalentes, beaucoup plus petites que les provinces. Chaque département ainsi constitué reçut un nom, tiré le plus souvent du nom d'une montagne ou du nom d'un cours d'eau. Ses dimensions étaient calculées de manière que les habitants puissent venir en une journée — selon les moyens de communication de l'époque — à la ville principale choisie comme chef-lieu.

EXERCICE 68

Démêlez le vrai du faux parmi ces affirmations au sujet des départements.

1. En 1790, l'Assemblée constituante a créé les départements pour battre en brèche le contre-pouvoir des provinces du Royaume.

☐ *Vrai* ☐ *Faux*

2. Le nombre de départements n'a jamais varié depuis leur création.

☐ *Vrai* ☐ *Faux*

3. Les départements avaient pour ambition de réduire les distances, à une époque où il n'y avait ni chemin de fer ni téléphone.

☐ *Vrai* ☐ *Faux*

4. Les départements sont très inégaux, tant en étendue qu'en population.

☐ *Vrai* ☐ *Faux*

5. Leurs noms sont souvent empruntés aux rivières ou aux montagnes.

☐ *Vrai* ☐ *Faux*

EXERCICE 69

Dans cette liste de mots, trouvez les trois qui correspondent à une élection de suffrage universel et dites laquelle.

A. Agglomération ....

B. Canton ....

C. Chef-lieu ....

D. Circonscription ....

E. Commune ....

F. Préfecture ....

GRANDS GOUVERNEMENTS DE L'ANCIEN RÉGIME, COMMUNÉMENT APPELÉS PROVINCES. DÉPARTEMENTS QUI EN SONT FORMÉS

Nos	GOUVERNEMENTS	CHEFS-LIEUX	DÉPARTEMENTS
1	Flandre	*Lille*	Nord.
2	Artois	*Arras*	Pas-de-Calais.
3	Picardie	*Amiens*	Somme.
4	Normandie	*Rouen*	Seine-Inférieure, Eure, Calvados, Manche, Orne.
5	Ile-de-France	*Paris*	Seine, Seine-et-Oise, Oise, Aisne, Seine-et-Marne.
6	Champagne	*Troyes*	Aube, Hte-Marne, Marne, Ardennes.
7	Lorraine	*Nancy*	Meurthe, Moselle (dont il reste Meurthe-et-Moselle), Vosges, Meuse.
8	Alsace	*Strasbourg*	Bas-Rhin (perdu tout entier), Haut-Rhin (dont il reste le territoire de Belfort).
9	Franche-Comté	*Besançon*	Doubs, Haute-Saône, Jura.
10	Bourgogne	*Dijon*	Côte-d'Or, Ain, Saône-et-Loire, Yonne.
11	Lyonnais	*Lyon*	Rhône, Loire.
12	Orléanais	*Orléans*	Loiret, Loir-et-Cher, Eure-et-Loir.
13	Touraine	*Tours*	Indre-et-Loire.
14	Berry	*Bourges*	Cher, Indre.
15	Nivernais	*Nevers*	Nièvre.
16	Bourbonnais	*Moulins*	Allier.
17	Marche	*Guéret*	Creuse.
18	Limousin	*Limoges*	Haute-Vienne, Corrèze.
19	Auvergne	*Clermont*	Puy-de-Dôme, Cantal.
20	Bretagne	*Rennes*	Ille-et-Vilaine, Côtes-du-Nord, Finistère, Morbihan, Loire-Inférieure.
21	Maine	*Le Mans*	Sarthe, Mayenne.
22	Anjou	*Angers*	Maine-et-Loire
23	Poitou	*Poitiers*	Vienne, Deux-Sèvres, Vendée.
24	Aunis et Saintonge	*La Rochelle*	Charente-Inférieure.
25	Angoumois	*Angoulême*	Charente.
26	Guyenne et Gascogne	*Bordeaux*	Gironde, Dordogne, Lot, Lot-et-Garonne, Aveyron, Tarn-et-Garonne, Gers, Landes, Hautes-Pyrénées.
27	Béarn	*Pau*	Basses-Pyrénées.
28	Languedoc	*Toulouse*	Haute-Garonne, Tarn, Aude, Hérault, Gard, Lozère, Ardèche, Haute-Loire.
29	Comté de Foix	*Foix*	Ariège.
30	Roussillon	*Perpignan*	Pyrénées-Orientales.
31	Dauphiné	*Grenoble*	Isère, Drôme, Hles-Alpes.
32	Provence	*Aix*	Bouches-du-Rhône, Basses-Alpes, Var.

CARTE MUETTE

Placez sur la carte les indications suivantes :
Ardennes • Massif central • Vosges • Alpes • Jura • Pyrénées • la Seine • la Loire • la Garonne • le Rhin • le Rhône • Marseille • Bordeaux • Paris • Toulouse • Strasbourg • Nantes.

France physique.

Paysages de la France

LES PLAINES
LES MONTAGNES
LES CÔTES
LES FLEUVES

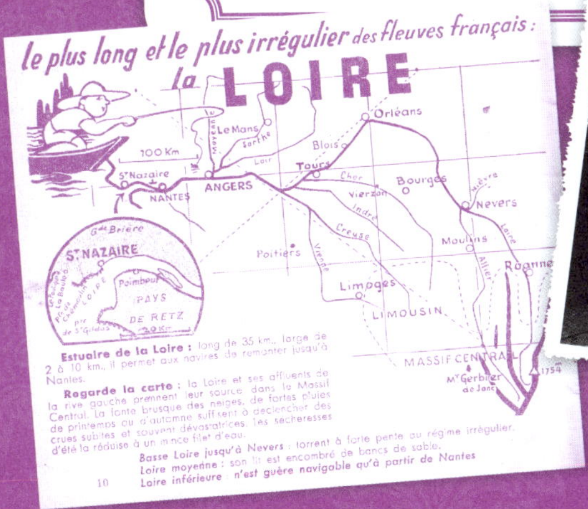

Estuaire de la Loire : long de 35 km., large de 2 à 10 km., il permet aux navires de remonter jusqu'à Nantes.

Regarde la carte : la Loire et ses affluents de la rive gauche prennent leur source dans le Massif Central. La fonte brusque des neiges, de fortes pluies de printemps ou d'automne suffisent à declencher des crues subites et souvent dévastatrices. les sécheresses d'été la réduise à un mince filet d'eau.

Basse Loire jusqu'à Nevers : torrent à forte pente au régime irrégulier.
Loire moyenne : son lit est encombré de bancs de sable.
Loire inférieure : ***n'est guère navigable qu'à partir de Nantes***

10

Leçon de géographie

Les plaines couvrent la majeure partie de la France : leur relief est partout très faible et cependant leur aspect est souvent assez varié. Suivant la nature des terrains, qui se sont laissé plus ou moins entamer par les eaux, on y trouve des terrasses bordées de crêtes, des collines ou des vallées.

Les plaines françaises les plus importantes sont : le Bassin parisien, le bassin d'Aquitaine, le couloir rhodanien.

- Le Bassin parisien est la plus vaste plaine française. Il est entouré de montagnes anciennes — Ardennes, Vosges, Massif central, Massif armoricain —, qui lui donnent une forme circulaire.
- Le bassin d'Aquitaine n'est qu'une demi-cuvette. Son niveau le plus bas se trouve sur le rivage de l'Atlantique, tandis que les pentes se relèvent au nord-est vers le Massif central, au sud vers les Pyrénées.
- Le couloir rhodanien est une plaine étroite, resserrée entre le Massif central à l'ouest, le Jura et les Alpes à l'est. On y rencontre successivement du nord au sud : la plaine de la Saône, les plateaux de la Dombes et du Bas-Dauphiné, la vallée allongée du Rhône.

EXERCICE 70

Attribuez à chaque plaine sa description correspondante.

A. La Beauce •	• *1. Des contrées situées parfois au-dessous du niveau de la mer.*
B. La Brie •	• *2. D'immenses forêts de pins maritimes.*
C. La Champagne •	• *4. D'abondantes moissons autour de grosses fermes.*
E. Les Landes de Gascogne •	• *5. Le pays du blé.*

La géo & les mots

→ Les plaines sont de vastes régions basses — *altitude inférieure à 200 mètres* —, plates ou faiblement ondulées.

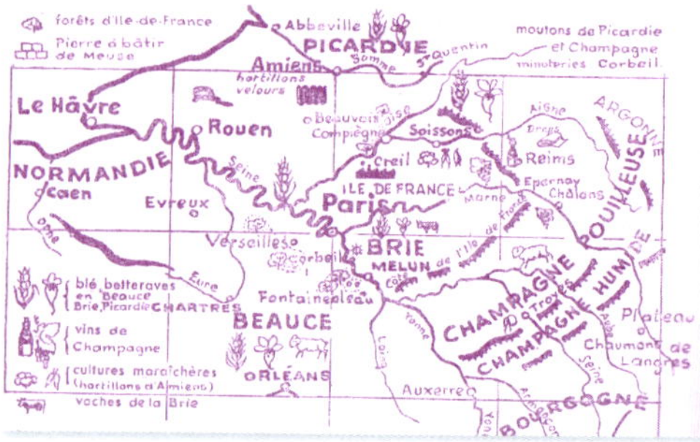

La France en chiffres

Le Bassin parisien est pareil à une immense cuvette dont Paris occupe le centre, à 25 mètres au-dessus du niveau de la mer.
Le bassin d'Aquitaine, limité par les Pyrénées et le Massif central, s'ouvre largement à l'ouest vers l'Atlantique. Son altitude moyenne est de 200 mètres.

EXERCICE 72

Les trois grandes plaines communiquent entre elles par des seuils larges et peu élevés. Attribuez à chacun de ces seuils les deux plaines qu'ils relient.

le Bassin parisien • les plaines du Bas-Languedoc • la plaine de la Saône.

A. Le seuil de Bourgogne *relie* ....

....

B. Le seuil du Lauraguais *relie* ....

....

C. Le seuil du Poitou *relie* ....

....

EXERCICE 71

Sur cette carte de France, inscrivez les plaines et plateaux suivants.

Beauce • Brie • Limagne • seuil du Poitou • Trouée de Belfort • Bassin parisien • plaines du Bas-Languedoc • plaine de la Saône.

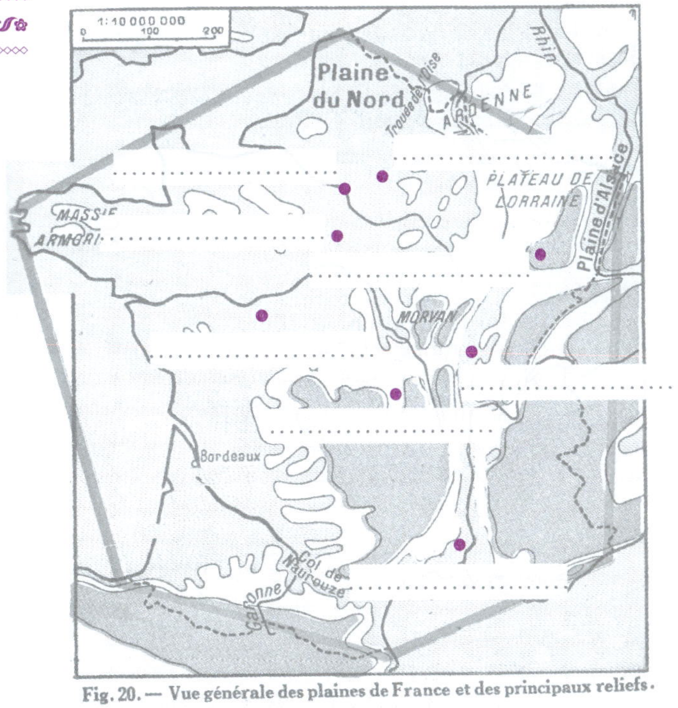

Fig. 20. — Vue générale des plaines de France et des principaux reliefs.

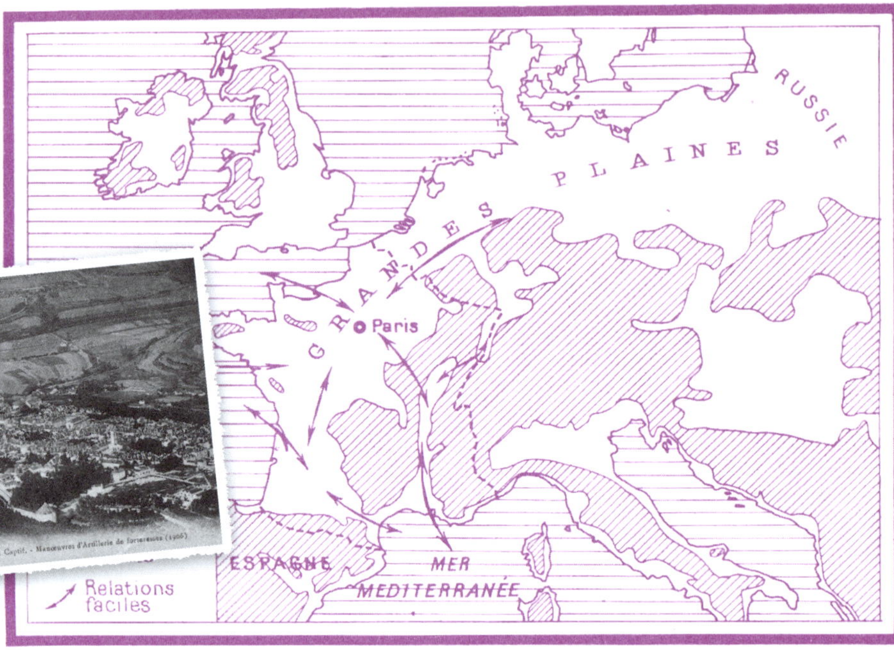

Fig. 26. — Les grandes plaines de France prolongent celles de l'Europe

EXERCICE 73

Qu'est ce que la Plaine de France ?

....

....

....

La Géographie en citation

« S'il n'y avait pas de montagnes,
les plaines n'apparaîtraient pas. »
Proverbe chinois.

EXERCICE 74

Parmi ces reliefs entourant le Bassin parisien, distinguez les collines et les plateaux.

- Argonne ....
- Artois ....
- Langres ....
- Morvan ....
- Normandie ....
- Perche ....

EXERCICE 75

Citez les 3 villes les plus peuplées du bassin Aquitain.

- ....
- ....
- ....

EXERCICE 76

Complétez ce texte avec les mots manquants.

civilisation • commerce • cultures • fleuves • lacs • nature • prairies • région • routes • terrain • vallées.

En France, on appelle .... des plaines une immense étendue de .... formé de plaines et de larges ...., située au nord-ouest, à l'ouest et au sud-ouest. Dans cette région, dominent les ...., les riches .... de froment, de maïs et de plantes industrielles.

Les plaines sont favorables à la vie organique et végétale. Les .... y coulent moins impétueux, des .... tranquilles s'y creusent et invitent au .... Les .... y sont tracées par la .... même ou faciles à établir. La .... s'y développe plus promptement et plus complètement.

Sentence géographique

La plaine de la Saône communique avec la plaine d'Alsace par une large dépression, qui a joué le rôle de passage pour les armes et pour les peuples depuis trente siècles : la Trouée de Belfort.

EXERCICE 77

Attribuez le bon terrain à chacune de ces plaines.

A. Pays d'argile •	• *1. Bassin aquitain*
B. Pays de calcaire sec •	• *2. Beauce*
C. Pays de craie •	• *3. Champagne humide*
D. Pays de limon fertile •	• *4. Champagne pouilleuse*
E. Pays de sables •	• *5. Landes*

EXERCICE 78

Indiquez la bonne situation de ces quatre plaines secondaires.

A. Plaine d'Alsace •
B. Plaine du Languedoc •
C. Plaine de la Limagne •
D. Plaine de la Saône •

• *1. Le long des rivages de la Méditerranée*
• *2. Dans la vallée de l'Allier*
• *3. Entre le Jura et le Massif central*
• *4. Dans la vallée du Rhin*

EXERCICE 79

Parmi ces cinq plaines, entourez les deux plus vastes.

La Beauce • La Brie • La Champagne • Les Flandres • Les Landes de Gascogne.

EXERCICE 80

Découvrez l'intrus qui se glisse parmi ces reliefs longeant le couloir rhodanien.

La plaine de la Saône • Le plateau des Causses • Le plateau de la Dombes • Le plateau du Dauphiné • La vallée allongée du Rhône.

EXERCICE 81

Classez par ordre décroissant — du plus haut au plus bas — l'altitude de ces quatre collines situées au nord et nord-ouest de la France :

A. Les collines d'Artois
B. Les collines de Bretagne
C. Les collines de Gâtine
D. Les collines de Normandie

1. ....
2. ....
3. ....
4. ....

EXERCICE 82

Nommez les montagnes françaises auxquelles correspondent ces descriptifs.

1. .... ont des massifs séparés par de profondes vallées.
2. .... forment une chaîne continue.
3. .... est formé de plusieurs chaînons parallèles.
4. .... est un large plateau surmonté de cônes volcaniques.
5. .... ont des sommets arrondis en forme de ballons.

Éloge de la France

Grandes ou petites, la plupart des plaines, ainsi que les vallées des fleuves et des rivières, sont ce qu'il y a de plus fertile, en vertu de la composition de leur sol, formé d'alluvions. Leurs champs font vivre la nation, leurs rivières portent des bateaux, leurs villes sont nos grandes cités.

LES MONTAGNES

Leçon de géographie

La France comprend, en totalité ou en partie, cinq grands massifs :

- Le **Massif central** au centre et les **Vosges** au nord-est, qui datent de l'époque primaire ;
- Le **Jura**, à l'est, les **Alpes**, au sud-est, les **Pyrénées**, au sud, qui datent de l'époque tertiaire.

Seules les Alpes et les Pyrénées sont assez élevées pour conserver sur leurs principaux sommets des neiges persistantes.

Le Mont Blanc vu du Buet.

La France en chiffres

L'altitude des montagnes vieilles est médiocre : elle atteint 1 000 à 1 500 mètres. Les montagnes jeunes sont beaucoup moins usées que les vieux massifs. Leur altitude est généralement considérable : elle dépasse très souvent 2 000 mètres dans les Alpes et dans les Pyrénées. C'est dans les Alpes que se trouve le point culminant de la France, et même de l'Europe, le mont Blanc, dont l'altitude est de 4 807 mètres.

EXERCICE 83

Attribuez aux Alpes ou aux Pyrénées les cols suivants.

- Col de Largentière ....
- Col du Petit-Saint-Bernard ....
- Col de Puymorens ....
- Col de Roncevaux ....
- Col du Somport ....
- Col de Tende ....

EXERCICE 84

Quels sont les cinq pays qui se partagent les Alpes ?

....

....

....

EXERCICE 85

Attribuez à chacun de ces massifs sa végétation particulière.

A. Ardennes •	• *1. Buissons secs et forêts de pins*
B. Massif armoricain •	• *2. Forêt*
C. Maures et Esterel •	• *3. Landes avec des ajoncs*
D. Vosges •	• *4. Pâturages*

EXERCICE 86

Quelles sont les trois grandes chaînes de montagnes qui parcourent la France ?

1. ....

2. ....

3. ....

EXERCICE 87

Parmi les quatre grands fleuves — le Danube, le Pô, le Rhin, le Rhône — qui descendent des Alpes :

1. Quels sont ceux qui coulent sur le territoire français ?

....

....

2. Quel est le seul à ne couler qu'en France ?

....

EXERCICE 88

Quel nom donne-t-on aux montagnes couvrant une partie du département de la Nièvre ?

....

....

1 LE BOUQUETIN

EXERCICE 89

Identifiez l'intrus parmi ces chaînes et plateaux formant le Massif central.

les Cévennes • les monts d'Aubrac • les monts d'Auvergne • les monts du Forez • les monts de la Margeride • les monts du Velay • le plateau du Limousin • le plateau de la Marche • le plateau du Morvan.

2 LE CHAMOIS

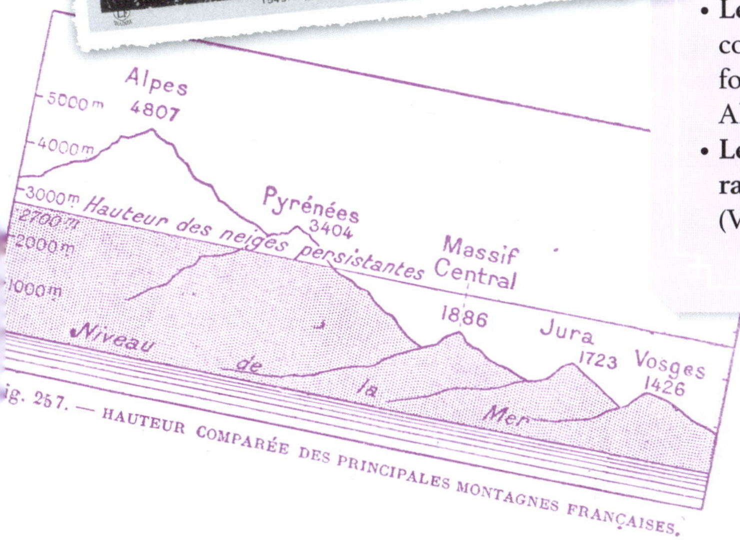

Sentence géographique

On peut classer les montagnes de France en trois groupes différents d'altitude et d'aspect :

- **Les montagnes vieilles** et usées qui ne sont plus que des plateaux légèrement ondulés (Bretagne et Ardennes).
- **Les montagnes jeunes** qui ont conservé leur haute altitude et des formes aiguës ou abruptes (Pyrénées, Alpes, Jura).
- **Les montagnes vieilles, mais rajeunies** par un soulèvement (Vosges et Massif central).

Exercice 90

Démêlez le vrai du faux à propos de la nature du sol de ces régions du Massif central.

1. Les monts du Velay et du Forez sont situés sur de grands plateaux granitiques.
   ☐ *Vrai* ☐ *Faux*
2. Les monts d'Auvergne sont d'anciens volcans, parmi lesquels figure le point culminant du Massif central.
   ☐ *Vrai* ☐ *Faux*
3. Les plateaux de la Marche, du Limousin et du Rouergue sont de nature volcanique.
   ☐ *Vrai* ☐ *Faux*
4. Les Causses sont situés dans la région occidentale du Massif central.
   ☐ *Vrai* ☐ *Faux*
5. Les Causses sont de vastes plateaux calcaires, à la surface pierreuse et dénudée.
   ☐ *Vrai* ☐ *Faux*

EXERCICE 91

Complétez ce texte avec les mots manquants.

Chartreuse • Dauphiné • Durance • glaciers • massifs • mont Blanc • l'Oisans • Provence • Savoie • vallées.

Les Alpes françaises se divisent en trois ....

Les Alpes de .... , situées au nord, sont les plus hautes. Grâce à leur climat humide, elles ont les plus vastes glaciers et les .... les plus verdoyantes. Leur principal sommet est le .... (4 807 m), le point culminant de l'Europe entière.

Les Alpes du .... , au centre, sont déjà moins élevées et plus sèches. Leurs principaux sommets sont l'énorme massif de .... , la magnifique pyramide du Viso et les montagnes célèbres de la Grande ....

Les Alpes de .... , situées au sud de la .... , sont moins hautes encore. Mais elles diffèrent surtout par leur climat, leur aspect dénudé et la disparition des ....

Les Monts Dôme.

3e Lecture : **Ballons vosgiens. Le Hohneck.** — Comme les Vosges, sont des montagnes très vieilles, elles ont été profondément usées par les anciens glaciers et les torrents; les parties granitiques forment des sommets arrondis, comme le Hohneck (1 346 m.) qui domine le charmant petit lac de Retournemer.

EXERCICE 92

Au moyen d'une flèche reliant chaque indication, attribuez la bonne altitude et le bon massif aux montagnes suivantes :

4 807 m •	• **Le Ballon de Guebwiller** •	*Alpes du nord*
3 298 m •	• **Le crêt de la Neige** •	*Alpes du sud*
1 900 m •	• **Le mont Blanc** •	*Jura*
1 886 m •	• **Le mont Ventoux** •	*Massif central*
1 723 m •	• **Le puy de Sancy** •	*Pyrénées*
1 426 m •	• **Le Vignemale** •	*Vosges*

Éloge de la France

Par un bienfait insigne de la nature, la France se partage exactement entre les montagnes d'une part, les collines et les plaines d'autre part.
Une ligne tirée des Pyrénées, de Bayonne, aux Vosges sépare à peu près la France montagneuse de la France plus ou moins plate. Sans doute elle attribue au pays haut de vastes plaines du sud ; mais elle donne au pays bas une portion des monts du Limousin et le massif du Morvan : il y a compensation.
Les Alpes sont les plus belles montagnes de l'Europe, en même temps les plus élevées. Pour trouver des sommets plus hauts, il faut aller jusqu'au Caucase, qui sépare l'Europe de l'Asie.

EXERCICE 93

Sur cette carte des montagnes vieilles de la France, inscrivez les massifs suivants :
Ardennes • Causses • Cévennes • Maures et Esterel • Vosges.

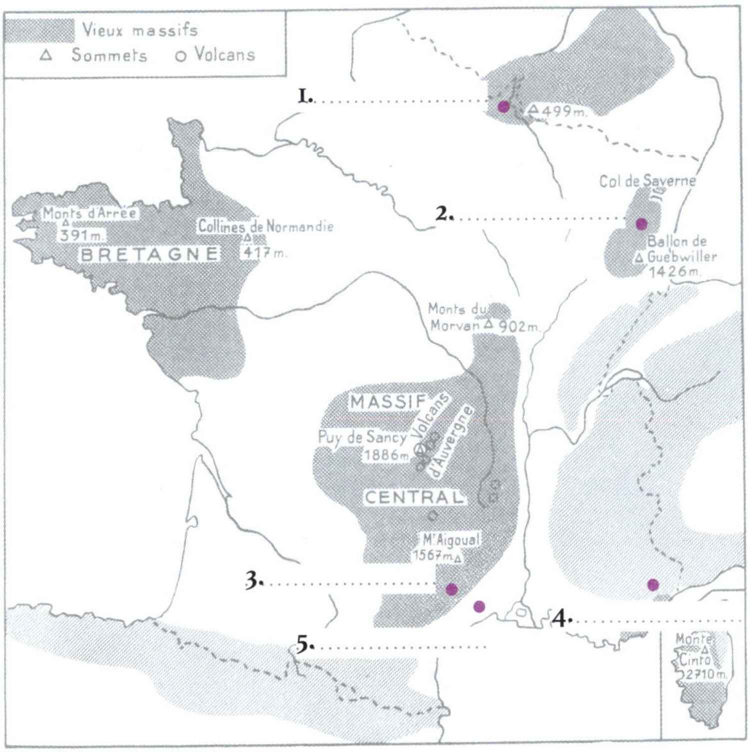

Fig. 39. — *Montagnes vieilles en France.*

LES CÔTES

Leçon de géographie

Les côtes de France offrent une grande variété d'aspects. Tantôt elles sont basses, en pente douce, couvertes de sable ; tantôt elles sont bordées de galets ; tantôt elles sont granitiques et rocheuses ; tantôt elles sont formées de plateaux crayeux coupés à pic sur la mer.
C'est la mer, en effet, par le mouvement de ses marées et par le choc de ses vagues, qui ronge les côtes rocheuses, roule les galets et dépose les sables. Les côtes rocheuses et découpées offrent aux pêcheurs des ports naturels abrités du vent et assez profonds pour que les barques de pêche puissent s'y réfugier en toute sûreté.

Éloge de la France

On dit que la France est le pays des quatre mers, parce qu'il est le seul qui soit à la fois baigné par la mer du Nord, la Manche, l'océan Atlantique et la Méditerranée.
Par cette situation avantageuse, la France se trouve en relations commerciales faciles avec les pays du nord et du sud de l'Europe, avec l'Amérique et avec l'Orient.

EXERCICE 94

Attribuez les descriptions suivantes aux villes portuaires :
Brest • Toulon • Marseille • Bordeaux • Le Havre • Saint-Nazaire.

1. Des estuaires de fleuve : ....

....

2. De grandes rades : ....

....

EXERCICE 95

Identifiez l'activité économique pratiquée sur les côtes alluviales parmi :
cultures maraîchères • élevage d'huîtres • élevage du mouton pré-salé • marais salants • production de légumes primeurs.

1. Côtes de la Charente et des Landes ....

....

2. Embouchure de la Loire et de la Gironde ....

....

3. Marais poitevin ....

....

4. Plaines de la Flandre maritime ....

....

5. Prairies maritimes de la Bretagne ....

....

La France en chiffres

La France mesure 3 000 kilomètres de côtes sur 5 200 kilomètres de pourtour total, elle est donc largement ouverte sur les mers. Toutes ces côtes jouent un grand rôle dans la vie du pays.

La géographie en citation

« Il est doux, quand sur la vaste mer les vents soulèvent les flots, d'apercevoir du rivage les périls d'autrui. »
LUCRÈCE — De la nature

La côte de Nice.
Ce golfe, on dirait qu'il se creuse
Pour entrer dans la ville heureuse.
(J. AICARD.)

EXERCICE 96

Quelle est la part exacte du littoral atlantique et du littoral méditerranéen parmi les côtes françaises ?

A. 2 200 km pour la côte atlantique et 800 km pour la côte méditerranéenne ? ☐

B. 2 400 km pour la côte atlantique et 600 km pour la côte méditerranéenne ? ☐

C. 2 500 km pour la côte atlantique et 500 km pour la côte méditerranéenne ? ☐

EXERCICE 97

Démêlez le vrai du faux parmi ces affirmations au sujet des côtes françaises.

1. Le pas de Calais qui unit la Manche à la mer du Nord n'a que 22 kilomètres de largeur.
☐ *Vrai* ☐ *Faux*
2. La mer du Nord qui baigne la côte flamande est plus profonde que la Manche.
☐ *Vrai* ☐ *Faux*
3. Les bancs de sable à fleur d'eau de la mer du Nord en font une mer très poissonneuse, mais aussi agitée.
☐ *Vrai* ☐ *Faux*
4. La côte du Marquenterre, jusqu'à la Somme, est une côte assez haute, formée de dunes de sables ou de baies marécageuses.
☐ *Vrai* ☐ *Faux*
5. Les îles anglo-normandes de Jersey et de Guernesey sont les restes d'une ancienne terre submergée.
☐ *Vrai* ☐ *Faux*

EXERCICE 98

Identifiez les côtes selon les descriptions ci-dessous :

Côte des Landes • côte de la Méditerranée • côtes de Basse-Normandie et de Bretagne • côte de la Haute-Normandie • côte de la mer du Nord • côte picarde • côtes de Vendée et de Charente.

1. Côte en ligne droite, sans aucun port naturel, pourvue de dunes dans l'intérieur, au-delà desquelles s'étendent des plaines basses, ou moers. ....
2. Côte alluviale, bordée de dunes, rectiligne avec pour seule échancrure l'embouchure de la Somme. ....
3. Côte assez élevée, formée soit de falaises rectilignes soit de rochers de calcaire peu découpés. ....
4. Côte formée de roches cristallines, bordées de falaises élevées et très découpées, pourvue de nombreux ports. ....
5. Côte très peu découpée, formée tantôt de falaises, tantôt de plages basses, longée de marais salins ou de parcs à huîtres. ....
6. Côte rectiligne, sablonneuse, bordée de dunes qui séparent de la mer plusieurs étangs. ....
7. Côte rocheuse, très découpée, bordée d'étangs sur sa partie ouest et pourvue de baies et de promontoires sur sa partie est. ....

Le Mont Saint-Michel est un ilot rocheux de 70 mètres de hauteur et de 900 mètres de tour. Il est entouré de remparts, couvert de maisons étagées et surmonté d'une célèbre abbaye-forteresse, dont l'église, à la flèche élancée, est une merveille de l'art ogival, « le plus sublime des poèmes de pierre élevés par la main de l'homme ».

EXERCICE 99

Sur la carte ci-contre de la côte atlantique, identifiez et inscrivez le nom des six îles suivantes :

Belle-Île • île de Groix • île de Noirmoutier • île d'Oléron • île de Ré • île d'Yeu.

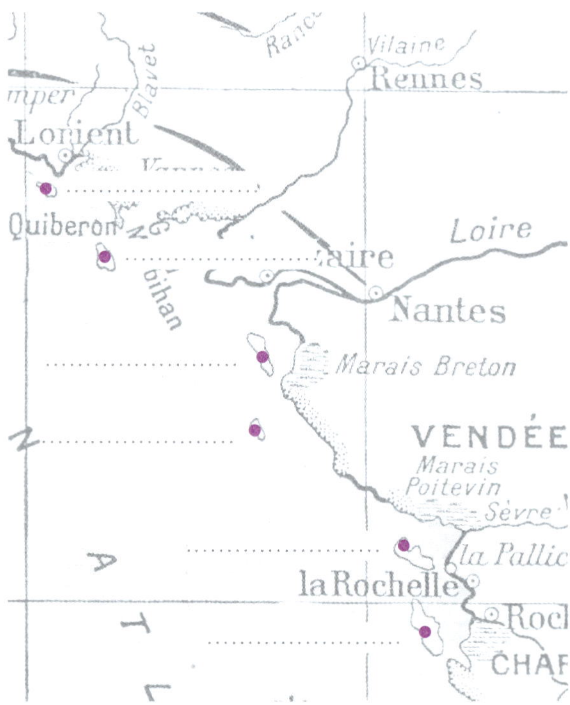

La géo & les mots

⟶ On appelle **côte** — rivage ou littoral — la partie des terres qui touche à la mer.
Une île est une terre entourée d'eau de tous les côtés.

⟶ Un **archipel** est un groupe d'îles.

⟶ Une **presqu'île** est une terre presque tout entière entourée d'eau.

⟶ Un **cap** — pointe ou promontoire — est une pointe de terre s'avançant dans la mer.

⟶ Un **golfe** est une partie de la mer qui s'avance dans les terres.

⟶ Une **baie** — anse ou crique — est un petit golfe.

⟶ Un **détroit** est un bras de mer resserré entre deux terres.

⟶ Un **isthme** est une bande de terre entre deux parties de mer.

⟶ Une **falaise** est une côte élevée.

Les falaises à marée basse au pays de Caux.
On distingue, au pied de la falaise, un petit talus ; ce sont les galets formés par les débris de cette falaise.

EXERCICE 100

Replacez dans le bon ordre — du nord au sud — les sections suivantes des côtes françaises :

A. De Boulogne au sud de la Somme
B. De Calais à Boulogne
C. Côte flamande (de la frontière à Calais)
D. De la Gironde à la frontière espagnole
E. De la baie d'Isigny à l'embouchure de la Loire
F. De la Seine à la baie d'Isigny
G. Du sud de la Somme à la Seine
H. De la Sèvre niortaise à la Gironde
I. De la côte de Vendée à la Sèvre niortaise

1. ....
2. ....
3. ....
4. ....
5. ....
6. ....
7. ....
8. ....
9. ....

EXERCICE 101

Identifiez parmi ces critères ceux qui caractérisent les côtes crayeuses ou rocheuses.

1. Littoral très découpé	☐ *côtes crayeuses*	☐ *côtes rocheuses*
2. Littoral favorable à l'établissement de ports	☐ *côtes crayeuses*	☐ *côtes rocheuses*
3. Littoral presque sans îles	☐ *côtes crayeuses*	☐ *côtes rocheuses*
4. Littoral vertical, presque rectiligne	☐ *côtes crayeuses*	☐ *côtes rocheuses*
5. Littoral du pays de Caux	☐ *côtes crayeuses*	☐ *côtes rocheuses*
6. Littoral provençal (Marseille et Nice)	☐ *côtes crayeuses*	☐ *côtes rocheuses*
7. Littoral breton (Brest et Saint-Malo)	☐ *côtes crayeuses*	☐ *côtes rocheuses*

Leçon de géographie

Le sol de la France est drainé par cinq grands fleuves : la **Seine**, la **Loire** et la **Garonne**, qui conduisent leurs eaux vers la Manche et l'océan Atlantique et coulent sur le versant du nord-ouest ; le **Rhône**, qui coule sur le versant du sud et va à la Méditerranée ; le **Rhin**, enfin, qui marque la frontière de la France au long de l'Alsace et se jette — comme la Meuse et l'Escaut — dans la mer du Nord.

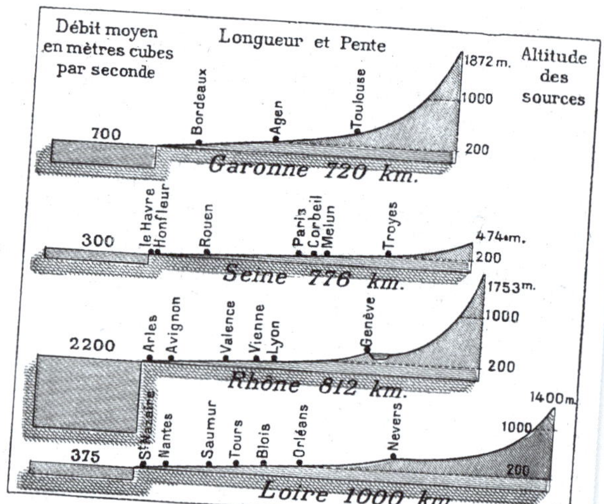

Débit, longueur et altitude des sources des fleuves français.

EXERCICE 102

Associez chacun de ces petits fleuves à la ville qu'il traverse parmi : Rennes • Bayonne • Amiens • Angoulême.

1. L'Adour ....
2. La Charente ....
3. La Vilaine ....
4. La Somme ....

EXERCICE 103

Attribuez à chacun de ces fleuves leur longueur exacte :

1. L'Escaut •	• A. 430 km
2. La Garonne •	• B. 720 km
3. La Loire •	• C. 776 km
4. La Meuse •	• D. 812 km
5. Le Rhin •	• E. 900 km
6. Le Rhône •	• F. 1 000 km
7. La Seine •	• G. 1 300 km

La France en chiffres

La Loire, le plus long fleuve français, parcourt 1 000 kilomètres. C'est peu auprès des grands fleuves européens : la Volga qui mesure 3 400 kilomètres et le Danube, 2 800 kilomètres.

Sentence géographique

Comparés au Nil (*Afrique*) ou au Danube et à la Volga (*Europe*), les fleuves français sont courts. Leur débit est médiocre, parce que leurs bassins sont de faible étendue et que les pluies en France sont modérées.

La géographie en citation

« Si j'avais le temps, j'écrirais l'histoire des fleuves que j'ai connus. »
François MITTERRAND — La Paille et le Grain (1975)

EXERCICE 104

Cherchez les cinq erreurs dans ce texte évoquant la Garonne.

L'isthme de la Gironde, le plus grand qu'il y ait chez nous, a 72 kilomètres de long, avec des largeurs allant jusqu'à 100 kilomètres.

Il est formé de la réunion de la Garonne, qui vient des Cévennes, et de la Dordogne, qui vient du puy de Sancy. La Garonne reçoit de nombreux affluents, parmi lesquels l'Aveyron et le Lot. Elle baigne Toulouse, Montauban et Bordeaux.

....

....

....

....

....

La Lys à Armentières.

La géo & les mots

→ On appelle **régime d'un fleuve** la manière dont se fait l'écoulement de ses eaux aux différentes époques de l'année. Un fleuve dont le cours est tranquille, le débit abondant et régulier, est favorable à la navigation et ne risque pas de provoquer des inondations souvent désastreuses. Le régime d'un fleuve dépend de l'altitude de sa source, de la nature des terres qu'ils drainent, lui et ses affluents, enfin du régime des pluies de la région qui constitue son bassin.

Éloge de la France

Les fleuves donnent à la France sa physionomie et sa vie. Ils fécondent le sol, fournissent aux usines la force motrice — la houille blanche — et facilitent les communications, car ils sont de véritables « chemins qui marchent ».

La source de la Seine.

Un peu en amont du petit village de Chanceaux (Côte-d'Or), sur le versant nord d'une sorte de pic couvert de bois, jaillit la source de la Seine. En 1865, la ville de Paris en a acheté l'emplacement et a fait construire ce monument, dont la statue représente la Seine à laquelle la capitale de la France doit sa prospérité.

EXERCICE 105

Démêlez le vrai du faux dans ces différences entre estuaire et delta.

1. L'embouchure d'un fleuve est un delta lorsqu'il se jette dans une mer ouverte.
☐ *Vrai* ☐ *Faux*
2. Dans un estuaire, les matières déposées par le fleuve usent ses rives et élargissent l'embouchure.
☐ *Vrai* ☐ *Faux*
3. Dans un estuaire, les marées sont assez fortes pour remuer les matières que charrie le fleuve.
☐ *Vrai* ☐ *Faux*
4. Un delta forme un dépôt triangulaire d'alluvions.
☐ *Vrai* ☐ *Faux*
5. Le Rhône se jette dans la Méditerranée en formant un estuaire à son embouchure.
☐ *Vrai* ☐ *Faux*

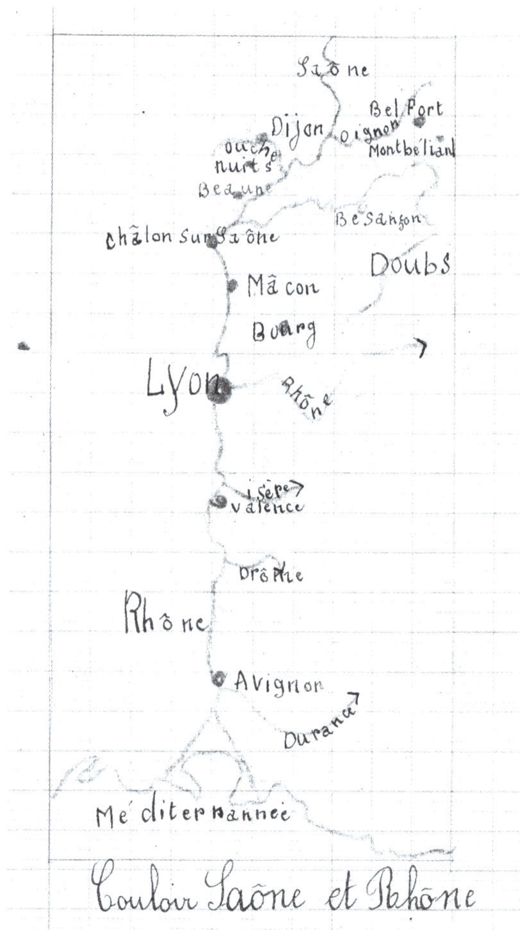

EXERCICE 106

Reliez chacun de ces affluents à son fleuve.

A. Aube •
B. Cher •
C. Durance •
D. Lot •
E. Saône •
F. Tarn •
G. Vienne •
H. Yonne •

• *1. La Garonne*
• *2. La Loire*
• *3. Le Rhône*
• *4. La Seine*

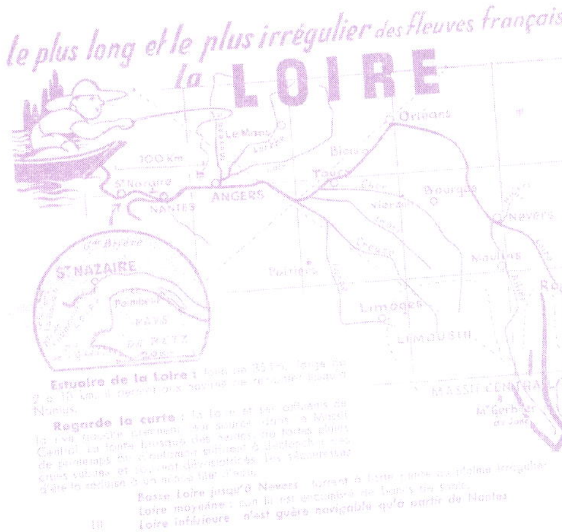

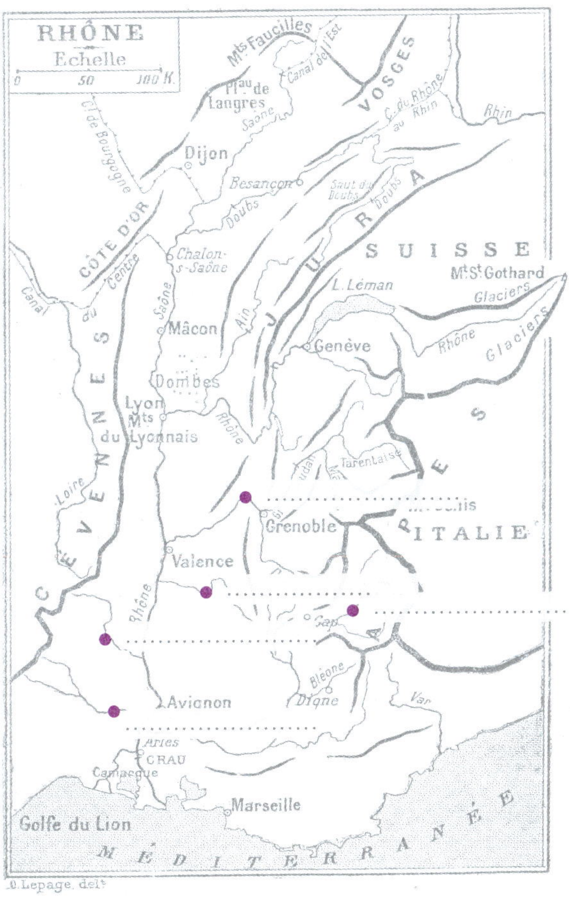

Fig. 42. — Bassin du Rhône

EXERCICE 107

Sur la carte du bassin du Rhône ci-contre, identifiez et inscrivez le nom des cinq affluents suivants :

Ardèche • Drôme • Durance • Gard • Isère.

EXERCICE 108

Cherchez les deux intrus parmi les conditions qui déterminent le régime d'un fleuve.

- L'alimentation par les sources, par la pluie, par la fonte des neiges et des glaciers.
- La fréquence décennale de ses crues.
- La pente et la vitesse.
- La nature du sol, perméable ou imperméable.
- Le nombre de ses portions navigables.
- La végétation et les forêts.

CARTE MUETTE

Placez sur la carte les fleuves suivants :
Rhône • Garonne • Loire • Seine • Orne • Adour • Vilaine • Charente • Somme • Aude • Var • Hérault • Meuse • Dordogne.

France physique.

SOLUTIONS

Exercice 1
A. L'Inde • B. Le Brésil • C. Les États-Unis • D. La Chine • E. La Russie.

Exercice 2
1. Parce que la France est située au centre des continents, entre le Nord-Est de l'Asie et le Nord-Ouest de l'Amérique.
2. Parce qu'elle est située, en Europe, entre le centre du continent et son extrémité formée par l'Espagne.
3. Parce qu'elle se trouve entre la mer ancienne, la Méditerranée, et la mer nouvelle, l'océan Atlantique, qui conduit aux mondes modernes et aux mondes inconnus.

Exercice 3
A. 927 km • B. 901 km.

Exercice 4
A. La mer du Nord • B. La Manche • C. L'océan Atlantique • D. La Méditerranée.

Exercice 5
A. Paris, Dunkerque, Bourges, Carcassonne.
B. Le degré zéro (0).

Exercice 6
A. La Bretagne.
B. Le Gulf Stream.

Exercice 7
Parce que, dans tous les lieux éclairés par le soleil et traversés par un même méridien, il est midi en même temps.

Exercice 8
La France se trouve située à mi-chemin — 5 000 km de part et d'autre —, entre le pôle Nord et l'équateur.

Exercice 9
C'est le rapport qu'il y a entre les longueurs réelles et celles qui leur sont attribuées sur la carte.

Exercice 10
Un millimètre de la carte correspond à une longueur réelle de 100 mètres.

Exercice 11
A. Schiste • B. Granit • C. Craie • D. Houille • E. Grès.

Exercice 12
Terrains primaires > *houille, schistes.*
Terrains secondaires > *craie, pierre à bâtir.*
Terrains tertiaires et quaternaires > *argile, calcaire tendre, sable fin.*

Exercice 13
Sol • granit • Champagne • lave • Bresse • chaume • imperméables • Vosges • plaine.

Exercice 14
A. 6 • B. 3 • C. 2 • D. 1 • E. 5 • F. 4.

Exercice 15
A. VRAI • B. FAUX • C. VRAI • D. FAUX.

Exercice 16
A. Dure, difficile à tailler, imperméable à l'eau.
B. Tendre, perméable et fait effervescence avec les acides.

Exercice 17
Roches perméables : *calcaire, grès, sable.*
Roches imperméables : *argile, gneiss, granit, marne, schiste.*

Exercice 18
A. 2 • B. 5 • C. 4 • D. 3 et 1 .

Exercice 19
Basalte et granit.

Exercice 20
Par les plaines du Nord, la France communique facilement avec toute l'Europe septentrionale.

Exercice 21
Parmi les six côtés de l'Hexagone, trois ont des frontières terrestres, trois autres des frontières maritimes.

Exercice 22
A. L'océan Atlantique.
B. La mer Méditerranée.
C. La mer du Nord.
D. La Manche.

Exercice 23
Les Pyrénées d'une part, les Alpes, le Jura et le Rhin d'autre part.

Exercice 24
A. 3 300 kilomètres de côtes, sur un pourtour total de 5 500 kilomètres.

Exercice 25
Parce que la zone maritime est soumise à l'influence du Gulf Stream, courant chaud venu du golfe du Mexique, qui adoucit considérablement la température en hiver.

Exercice 26
Elle met facilement en relation avec l'Afrique, les pays du Sud de l'Europe, l'Extrême-Orient et l'Inde.

Exercice 27
A. 4 ◦ B. 6 ◦ C. 1 ◦ D. 2 ◦
E. 5 ◦ F. 3

Exercice 28
Voir les réponses sur la carte page 64.

Exercice 29
Le Comtat Venaissin et la Saintonge.

Exercice 30
1. B. VIIIe siècle ◦ 2. D. Xe siècle ◦ 3. A. XIVe siècle ◦
4. C. XVIIe siècle.

Exercice 31
C. Henri IV.

Exercice 32
Parce que la plaine de la Beauce constitue une division naturelle du pays qui était reconnue en Gaule avant même la conquête romaine.

Exercice 33
La Savoie et le comté de Nice en 1860, sous Napoléon III.

Exercice 34
La Martinique et la Guadeloupe.

Exercice 35
A. 3 ◦ B. 7 ◦ C. 8 ◦ D. 5 ◦ E. 4 ◦ F. 2 ◦ G. 1 ◦ H. 6.

Exercice 36
Ancienne province de Bretagne : A ◦ B ◦ C ◦ G ◦ H.

Exercice 37
1. VRAI ◦ 2. VRAI ◦ 3. FAUX ◦ 4. VRAI ◦ 5. VRAI ◦
6. FAUX ◦ 7. FAUX ◦ 8. FAUX.

Exercice 38
A. 4 ◦ B. 6 ◦ C. 7 ◦ D. 5 ◦ E. 2 ◦ F. 3 ◦ G. 1.

Exercice 39
◦ 1. plaine ◦ 2. plateau ◦ 3. colline ◦ 4. montagne ◦ 5. monts ◦ 6. chaîne ◦ 7. massif ◦ 8. col ◦ 9. vallée – 10. glacier.

Exercice 40
Plaines : *Berry, Bourbonnais, Garonne, Sologne, Vendée.*
Plateaux : *Bresse, Bretagne, Langres, Lorraine, Pays de Caux.*

Exercice 41
1. C ◦ 2. A ◦ 3. E ◦ 4. B ◦ 5. D.

Exercice 42
1. VRAI ◦ 2. FAUX ◦ 3. VRAI ◦ 4. FAUX ◦ 5. FAUX.

Exercice 43
C et D.

Exercice 44

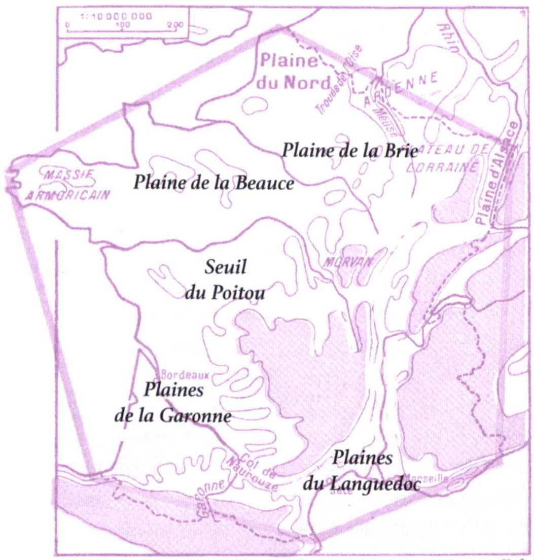

Fig. 20. — Vue générale des plaines de France et des principaux reliefs.

Exercice 45
La Limagne baignée par l'Allier ◦ la plaine du Forez, baignée par la Loire.

Exercice 46
La trouée de l'Oise.

Exercice 47
Le lac du Bourget et le lac d'Annecy.

Exercice 48
1 et 2. B • 3. A • 4 et 5. C

Exercice 49
1. C • 2. B • 3. D • 4. A.

Exercice 50
Au nord, le Morvan ; à l'ouest, la Charente ; au sud, la trouée de Naurouze ; à l'est, les Cévennes.

Exercice 51
Le cers : *Languedoc* • La galerne : *Charente* • Le mistral : *Provence* • La tramontane : Roussillon.

Exercice 52
1. dominants, nord-ouest, marins.
2. bises, nord-est.
3. mistral.

Exercice 53
1. grands – faibles • 2. beaucoup – peu • 3. rigoureux – tièdes.

Exercice 54
La Lorraine.

Exercice 55
A. 7 • B. 6 • C. 5 • D. 4 • E. 3 • F. 2 • G. 1.

Exercice 56
Basse altitude : *arbres à feuilles caduques, arbres fruitiers, céréales, prairies.*
Moyenne altitude : *forêts de conifères, pâturages d'été.*
Haute altitude : *glaciers et neiges persistantes, lichens et mousses.*

Exercice 57
Tempéré maritime : 2, 3, 6.
Continental : 1, 7, 4.
Méditerranéen : 5.

Exercice 58

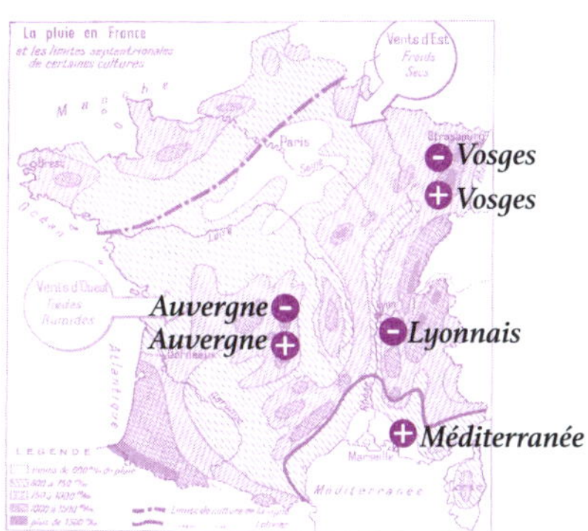

Exercice 59
1. VRAI • 2. FAUX, elles reçoivent plus d'eau. • 3. VRAI. • 4. FAUX, les eaux pénètrent peu le sol. • 5. VRAI

Exercice 60
La Corse et la Savoie.

Exercice 61
Gironde, Loire, Oise, Rhône, Seine, Somme.

Exercice 62
Haute-Garonne, Haute-Loire, Haute-Marne, Haut-Rhin, Haute-Vienne.

Exercice 63
Le Haut-Rhin, le Bas-Rhin et une partie du département de la Moselle

Exercice 64
Hautes-Pyrénées, Basses-Alpes, Hautes-Alpes, Vosges, Jura.

Exercice 65
L'Orléanais, le Nivernais, le Berry, le Bourbonnais, la Marche, l'Auvergne, le Limousin.

Exercice 66

08	Ardennes - Charleville-Mézières
12	Aveyron - Rodez
18	Cher - Bourges
24	Dordogne - Périgueux
31	Haute-Garonne - Toulouse
44	Loire-Atlantique - Nantes
53	Mayenne - Laval
67	Bas-Rhin - Strasbourg
82	Tarn-et-Garonne - Montauban
89	Yonne - Auxerre

Exercice 67
- Une situation géographique > *Nord, Finistère*
- Une montagne environnante > *Ardennes, Cantal*
- Une mer voisine > *Manche*
- Une référence à la nature > *Landes*
- Un cours d'eau qui l'arrose > *Gironde, Haute-Garonne, Isère*

Exercice 68
1. VRAI • 2. FAUX • 3. VRAI • 4. VRAI • 5. VRAI.

Exercice 69
B. Élection des conseillers généraux. • D. Élection du député. • E. Élection des conseillers municipaux.

Exercice 70
A. 5 • B. 4 • C. 3 • D. 1 • E. 2.

Exercice 71

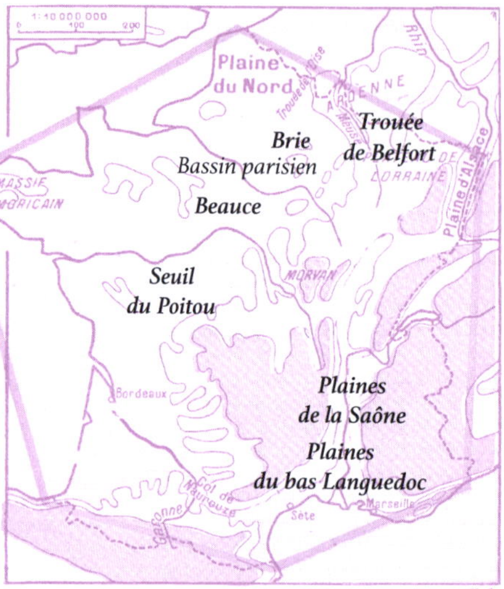

Fig. 20. — Vue générale des plaines de France et des principaux reliefs.

Exercice 72
A. Plaine de la Saône - Bassin parisien.
B. Bassin aquitain - plaines du Bas-Languedoc.
C. Bassin parisien - Bassin aquitain.

Exercice 73
C'est le nom de l'ancienne région naturelle appelée Pays de France, située au nord de Paris.

Exercice 74
Collines = Artois, Normandie, Perche.
Plateaux = Argonne, Langres, Morvan.

Exercice 75
Bordeaux, Pau, Mérignac.

Exercice 76
Région, terrain, vallées, prairies, cultures, fleuves, lacs, commerce, routes, nature, civilisation.

Exercice 77
1. C • 2. A • 3. D • 4. B • 5. E.

Exercice 78
1. D • 2. A • 3. B • 4. C.

Exercice 79
Les Landes de Gascogne et la Champagne.

Exercice 80
Le plateau des Causses.

Exercice 81
1. A. 4 420 mètres • 2. C. 3 260 mètres • 3. B. 2 390 mètres • 4. D. 1 200 mètres.

Exercice 82
Les Alpes • 2- les Pyrénées • 3- le Jura • 4- le Massif Central • 5- Les Vosges

Exercice 83
- Alpes : *Col de Largentière, Col du Petit-Saint-Bernard, Col de Tende.*
- Pyrénées : *Col de Puymorens, Col de Roncevaux, Col du Somport.*

Exercice 84
La France, l'Italie, la Suisse, l'Allemagne et l'Autriche.

Exercice 85
1. B • 2. C • 3. A • 4. D.

Exercice 86
Les Alpes, les Cévennes, les Pyrénées.

Exercice 87
1. Le Rhin et le Rhône • 2. Le Rhône.

Exercice 88
Les monts du Morvan.

Exercice 89
Le plateau du Morvan.

Exercice 90
1. VRAI • 2. VRAI • 3. FAUX, de nature granitique • 4. FAUX, dans la région méridionale • 5. VRAI.

Exercice 91
Massifs, Savoie, vallées, mont Blanc, Dauphiné, l'Oisans, Chartreuse, Provence, Durance, glaciers.

Exercice 92
4 807 m : *mont Blanc, Alpes du nord.*
3 298 m : *Vignemale, Pyrénées.*
1 900 m : *mont Ventoux, Alpes du Sud.*
1 886 m : *puy de Sancy, Massif Central.*
1 723 m : *crêt de la Neige, Jura.*
1 426 m : *Ballon de Guebwiller, Vosges.*

Exercice 93
1. Ardennes : *au nord-est* • 2. Vosges : *à l'est, au sud des Ardennes.* • 3. Causses : *au sud-ouest du Massif central* • 4. Maures et Esterel : *au sud-est de la France, sur le littoral méditerranéen* • 5. Cévennes : *au sud-est du Massif central*

Exercice 94
1. Bordeaux, Le Havre, Saint-Nazaire ◦ 2. Brest, Toulon, Marseille

Exercice 95
1. élevage d'huîtres ◦ 2. Marais salants ◦ 3. production de légumes primeurs ◦ 4. cultures maraîchères ◦ 5. élevage du mouton pré-salé.

Exercice 96
Réponse B.

Exercice 97
◦ 1. FAUX, 33 kilomètres ◦ 2. FAUX, moins profonde ◦ 3. VRAI ◦ 4. FAUX, une côte basse ◦ 5. VRAI.

Exercice 98
1. Côte de la mer du Nord ◦ 2. Côte picarde ◦ 3. Côte de la Haute-Normandie ◦ 4. Côtes de Basse-Normandie et de Bretagne ◦ 5. Côtes de Vendée et de Charente ◦ 6. Côte des Landes ◦ 7. Côte de la Méditerranée.

Exercice 99
mer Du nord au sud : Ile de Groix, Belle-Île, île de Noirmoutier, île d'Yeu, île de Ré, île d'Oléron.

Exercice 100
1. C ◦ 2. B ◦ 3. A ◦ 4. G ◦ 5. F ◦ 6. E ◦ 7. I ◦ 8. H ◦ 9. D.

Exercice 101
Côtes rocheuses : 1, 2, 6 et 7
Côtes crayeuses : 3, 4 et 5.

Exercice 102
1. Bayonne ◦ 2. Angoulême ◦ 3. Rennes ◦ 4. Amiens.

Exercice 103
1. A ◦ 2. B ◦ 3. F ◦ 4. E ◦ 5. G ◦ 6. D ◦ 7. C.

Exercice 104
L'isthme : *l'estuaire* ◦ 100 kilomètres : *10 kilomètres* ◦ Cévennes : *Pyrénées* ◦ L'Aveyron : *le Tarn* ◦ Montauban : *Agen*.

Exercice 105
1. FAUX, dans une mer fermée ◦ 2. VRAI ◦ 3. VRAI ◦ 4. VRAI ◦ 5. FAUX, en formant un delta.

Exercice 106
Aube et Yonne : *la Seine* ◦ Cher et Vienne : *la Loire* ◦ Tarn et Lot : *la Garonne* ◦ Durance et Saône : *le Rhône*.

Exercice 107
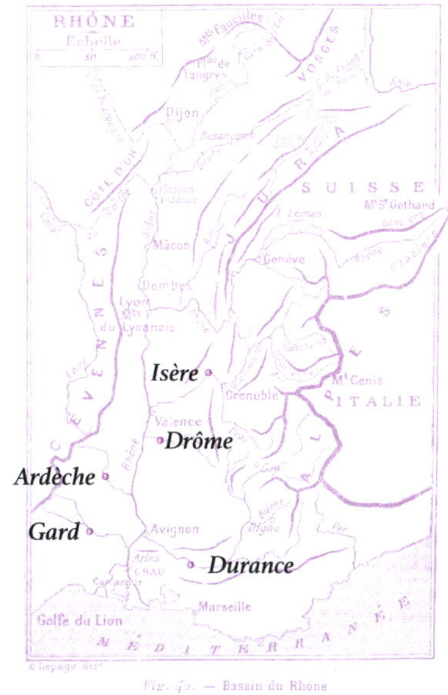

Fig. 41. — Bassin du Rhone

Exercice 108
La fréquence décennale de ses crues et le nombre de ses portions navigables.

Carte muette page 22
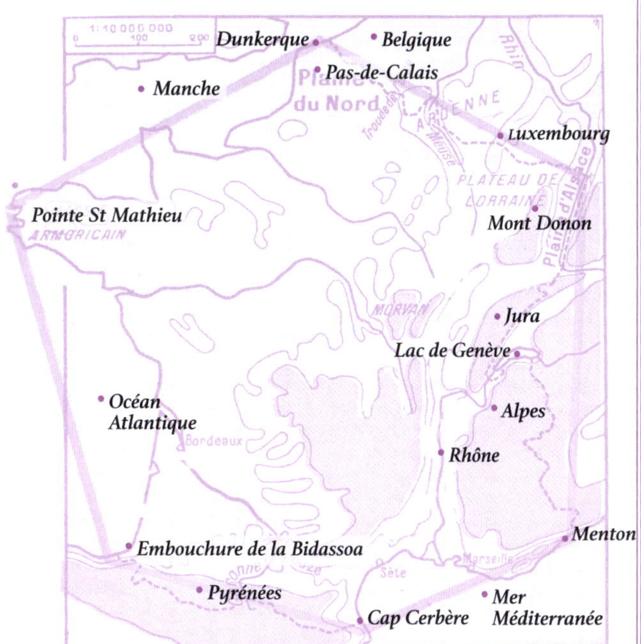

Carte muette page 38

France physique.

Carte muette page 58

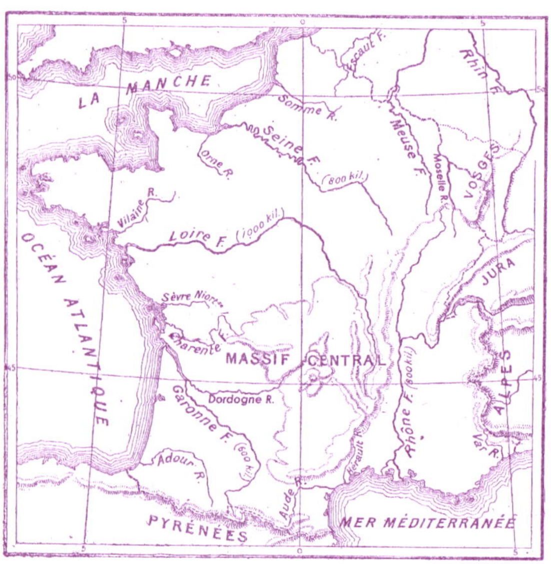

France physique.

Sources :

BRUNHES (Jean) — *Leçons de géographie à l'usage des écoles primaires — cours supérieur — (Tours, Maison Alfred Mame et Fils, 1933)*

DÔME (Edmond) & BESSEIGE (Pierre) — *Géographie illustrée – La France et ses colonies – cours moyen et cours supérieur (Paris/Strasbourg, Librairie Istra, s.d. postérieur à 1927)*

KAEPPELIN (P.) — *Géographie – cour moyen (Paris, Librairie Hatier, s.d., vers 1900)*

KERGOMARD (J.) & AYMARD (A.) — *La géographie vivante apprise par l'image, l'observation, la carte – cours moyen (Paris, Librairies-imprimeries réunies L. Martinet, 1912)*

PLANEL (Louis) — *La géographie documentaire – certificat d'études primaires (Paris, Librairie classique Eugène Belin, 1963)*

ROGIE (L.E.) & DESPIQUES (P.) — *Cours moyen de géographie cours moyen (Paris, F. Rieder et Cie éditeurs, 1926)*

TARRAIRE (Jean) & MARIAGE (Yvette) — *La nouvelle géographie au cours moyen — La France et l'Union française — (Paris, Fernand Nathan, s.d. postérieur à 1945)*

Crédits

Conception graphique et mise en pages : Dorothée Cudry pour Édiclic **Adaptation et réalisation :** Édiclic **Lecture-Correction :** Erwann Lepoittevin

Tous les documents reproduits dans cet ouvrage appartiennent à la collection privée de l'auteur.

Édition du Club France Loisirs
avec l'autorisation
des Éditions Hors Collection

France Loisirs
123 boulevard de Grenelle, 75015 Paris
www.franceloisirs.com

ISBN : 978-2-298-10971-9
N° éditeur : 84778
Dépôt légal : février 2016

Achevé d'imprimer en Slovénie par GPS,
avril 2016

Jacques Gimard

PETIT CAHIER

D'HISTOIRE DE FRANCE

Jouez à réviser vos classiques !

LES TEMPS MODERNES

ÉDITIONS FRANCE LOISIRS

SOMMAIRE

LES TEMPS MODERNES

La période dite des Temps modernes commence en 1453 avec la prise de Constantinople par les Turcs. De nombreux signes préfigurent la naissance d'une époque nouvelle pour l'Europe.

Le régime féodal disparaît. De grandes monarchies se sont constituées au-dessus des liens féodaux. De grandes inventions, comme celle de l'imprimerie et celle de la poudre à canon, la découverte de l'Amérique (1492), la renaissance des lettres et des arts amorcent de grands changements dans la condition morale et matérielle des États.

HENRI IV DEMANDA : « DEPUIS QUAND ÊTES-VOUS LÀ ? — DÈS LES TROIS HEURES DU MATIN », RÉPONDIT SULLY.

LOUIS XI

ROI OBSTINÉ, RUSÉ ET CRUEL

Louis XI était habillé d'étoffes simples, coiffé d'un chapeau de feutre orné d'une médaille de la Vierge. Ce ne fut pas un roi chevalier. Il aimait à s'entourer de bourgeois plutôt que de seigneurs. Son barbier et son médecin étaient ses plus grands amis. Très rusé, et souvent dur et cruel, il trompait ses ennemis par de belles promesses. Il signait des traités qu'il n'exécutait jamais.

LE SAVIEZ-VOUS ?

1. De qui Louis XI est-il le fils ?

☐ François Ier ☐ Louis X ☐ Charles VII

2. À quelle dynastie de rois appartient-il ?

☐ Les Capétiens ☐ Les Valois ☐ Les Bourbons

PAROLE HISTORIQUE

« Quand orgueil chevauche devant, honte et dommage suivent de près. »

Louis XI, justifiant ses (fausses) concessions à Charles le Téméraire.

RIVAL TENACE

Louis XI passa son règne à lutter contre le duc de Bourgogne, Charles le Téméraire.

Il fut obligé plusieurs fois de subir les conditions que lui fit ce prince, notamment après la ligue dite du Bien public (1465) et à l'entrevue de Péronne en 1468. Mais Charles le Téméraire alla se faire battre par les Suisses à Granson et Morat (1476) et mourut peu après à côté de Nancy (1477). Sa fille, Marie, fut obligée d'abandonner la Bourgogne à Louis XI.

L'ÉTOFFE D'UN HÉROS

Rendue forte par la création d'une armée permanente, la royauté s'attaqua directement aux grandes maisons féodales. Louis XI passa sa vie à accomplir cette œuvre importante. Âpre au gain, il fut un actif « rassembleur » de terres françaises.

C'ÉTAIT QUAND ?

1420 – 1423 : Naissance de Louis XI – 1425 – 1428 : Règne de Charles VII – 1430 – 1431 : Jeanne d'Arc est brûlée vive – 1435 – 1440 : Invention de l'imprimerie par Gutenberg – 1445

UN ROI AMBIGÜ

Vrai ou Faux ? Cochez la bonne réponse.

1. Louis XI a entretenu d'excellentes relations avec son père.

☐ Vrai ☐ Faux

2. Les vengeances de Louis XI étaient terribles.

☐ Vrai ☐ Faux

3. Il fit enfermer dans une cage de fer Charles le Téméraire.

☐ Vrai ☐ Faux

4. La cage était suffisamment grande pour que le prisonnier puisse se tenir debout et faire quelques pas.

☐ Vrai ☐ Faux

5. Il était cruel mais à sa mort le domaine royal s'était accru de la Bourgogne, l'Artois, la Picardie, la Franche-Comté, le Maine, l'Anjou et la Provence.

☐ Vrai ☐ Faux

LA DATE À RETENIR

1468 : Entrevue de Péronne. Louis XI commet l'imprudence d'aller retrouver son ennemi Charles le Téméraire, tandis que les émissaires du roi soulèvent Liège contre le duc. Pour recouvrer la liberté, Louis XI doit signer un traité cédant des provinces sans contrepartie aucune.

LA MORALE DE L'HISTOIRE

Louis XI fut un homme cruel, mais a fait beaucoup pour la grandeur de la France.

La prison du cardinal La Balue.

REVERS DE LA MÉDAILLE

Louis XI réprimanda sévèrement la révolte des habitants de Reims, qui s'estimaient trop chargés d'impôts. Quelques-uns eurent la tête tranchée, d'autres les oreilles coupées. Beaucoup furent pendus.

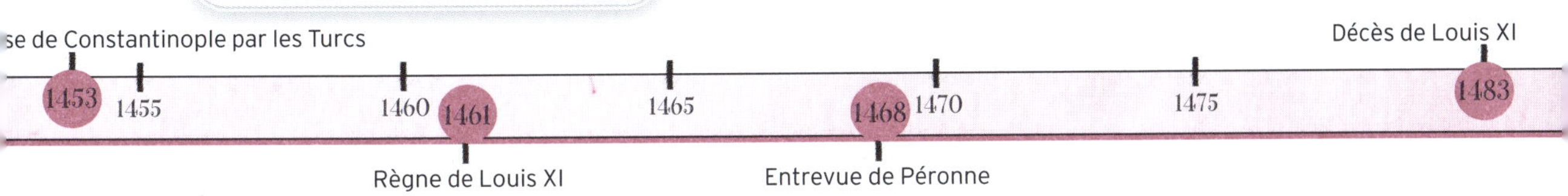

BAYARD
LE PREUX CHEVALIER

Le jeune Pierre Terrail, seigneur de Bayard, était page du duc de Savoie. Il avait dix-sept ans lorsque le roi de France Charles VIII le vit un jour faire courir si bien un cheval qu'il demanda au duc de lui céder le page et sa monture. C'est ainsi que Bayard partit avec l'armée française, quand Charles VIII alla faire la guerre dans le sud de l'Italie pour conquérir le royaume de Naples, où il se distingua par ses faits d'arme.

L'ÉTOFFE D'UN HÉROS

Dans une retraite de l'armée française, sur le pont du Garigliano, en Italie, Bayard aperçut une troupe ennemie qui poursuivait les Français. Aussitôt, il envoya chercher du secours, puis il se précipita sur les cavaliers ennemis et en abattit plusieurs. Les corps des chevaux et des soldats morts formèrent une barricade derrière laquelle s'abritait le brave chevalier pour défendre l'entrée du pont. Il lutta héroïquement jusqu'à l'arrivée des secours : il avait sauvé l'armée française.

1. Quel est l'élément déclencheur des guerres d'Italie ?

☐ **A.** Le testament du roi de Naples René d'Anjou (1480), qui, sans héritier, lègue à la France ses possessions.

☐ **B.** Le désir de se venger du roi de Naples René d'Anjou qui lui avait fait un affront.

GRANDEUR D'ÂME

En sautant sur la muraille de la ville de Brescia, Bayard reçut un terrible coup de pique dans le haut de la cuisse. On le porta mourant dans une maison où une dame et ses deux filles le soignèrent si bien qu'il guérit.
À cette époque, tout dans une ville, prise par force, appartenait aux vainqueurs. La dame mit sa fortune, soit 2500 pièces d'or, dans un coffret qu'elle donna à Bayard. Il donna à chacune des deux filles de la maison 1 000 pièces pour les aider à se marier et il distribua le reste entre ses soldats.

PAROLE HISTORIQUE

« J'ai toujours mieux aimé les gens que les écus. »

Bayard, aux dames de Brescia qui le soignèrent de sa blessure.

C'ÉTAIT QUAND ?

1476 : Naissance de Bayard
1483 : Règne de Charles VIII
1490
1492 : Christophe Colomb découvre l'Amérique
1495
1498 : Règne de Louis XII
1500
1505

2. Combien de rois successifs ont mené ces guerres ?

☐ **A.** 2 ☐ **B.** 3 ☐ **C.** 4

3. Sur combien de temps les différentes expéditions s'échelonnent-elles ?

☐ **A.** 5 ans ☐ **B.** 20 ans
☐ **C.** 65 ans

4. Quel roi le chevalier Bayard a t-il servi ? Attention, plusieurs réponses sont possibles.

☐ **A.** Charles VIII ☐ **B.** Louis XII
☐ **C.** François Ier ☐ **D.** Henri II

HONNEUR AU VAINCU

En Italie, le brave Bayard tomba mortellement blessé au combat de Biagrasso. Sa mort fut digne de sa belle vie. Assis sous un arbre, il baisait la croix de son épée et demandait merci à Dieu. Charles III de Bourbon vint le visiter et lui dit qu'il avait grande pitié de lui. « Monsieur, répondit Bayard, il n'est point de pitié pour moi car je meurs en homme de bien. Mais j'ai pitié de vous, de vous voir servir contre votre prince, votre patrie et votre serment. »

Pour quelle raison les villes de Pontcharra (France, Isère) et de Rovasenda (Italie) sont-elles jumelées ?

☐ **A.** Parce-que ce sont deux villes où Bayard a remporté des victoires.

☐ **B.** Parce-que ce sont les villes de naissance et de mort du chevalier Bayard.

☐ **C.** Parce-que ce sont les villes préférées du chevalier Bayard.

HOMMAGE D'UN RIVAL

Ceux mêmes que Bayard combattait l'admiraient. Un jour, avec quelques compagnons, il rencontra trois cents cavaliers ennemis. Il les défia et les poursuivit, criant aux siens : « Courage, mes amis ! Redoublons de coups ! » Et tous étaient animés d'une telle ardeur qu'ils entrèrent dans Milan sans s'en apercevoir. On ferma les portes de la ville et Bayard resta prisonnier. Mais le duc de Milan ne voulut point garder en prison un chevalier si vaillant. Il le renvoya en se contentant de dire : « Si tous les hommes d'armes du roi de France sont pareils à celui-ci, mes affaires iront mal. »

LA DATE À RETENIR

1524 : Mort du chevalier Bayard.

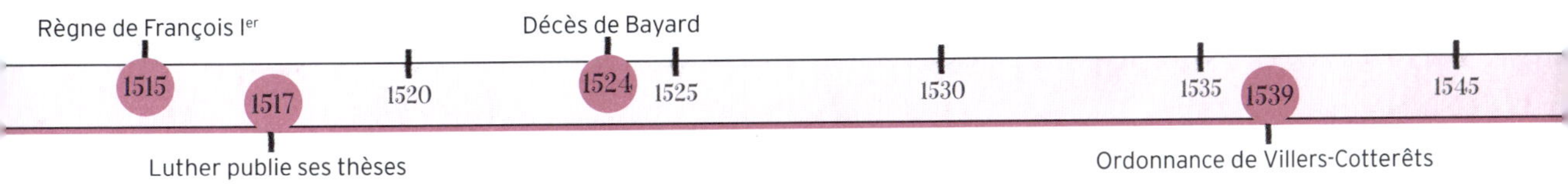

FRANÇOIS Ier.

FRANÇOIS Ier

IMPORTATEUR DE LA RENAISSANCE

Louis XII laissa le trône à François d'Angoulême (1515). Ce prince de vingt ans était ardent, grand et fort, « le plus bel homme de son royaume », le premier cavalier et le premier jouteur de son temps. Il ne rêvait que de guerres et de batailles.

RAISON D'ÉTAT

Habilement, François Ier imposa aux seigneurs les imperceptibles liens d'une prison dorée : la Cour. Dans les splendides résidences de Fontainebleau et de Chambord, bals, festins, tournois, mascarades attirèrent du fond des provinces les barons oisifs, avides de plaisirs, simples courtisans. La féodalité fut asservie. Le pouvoir royal triompha.

LE SAVIEZ-VOUS ?

1. Quel est le lien de parenté entre Louis XII et François Ier ? Attention plusieurs réponses sont possibles.

☐ Oncle et neveu ☐ Cousins

☐ Beau-père et gendre ☐ Frères

2. Découvrez le nom de l'épouse de François Ier en remettant les lettres dans l'ordre.

1. DLEACU DE RFENCA

3. Quel est l'emblème de François Ier ?

☐ La salamandre ☐ L'aigle

☐ La fleur de lys

LA MORALE DE L'HISTOIRE

Malgré les défaites de François Ier, tout ne fut pas perdu, car la savante Italie civilisa les Français barbares. La brillante époque de la Renaissance commençait.

C'ÉTAIT QUAND ?

L'ÉTOFFE D'UN HÉROS

L'année même de son arrivée au trône, François Ier songea à reconquérir le Milanais. Il l'envahit à la tête d'une brillante armée de chevaliers, commandés sous ses ordres par Bayard, La Palice, Bourbon, Trivulce, et d'autres capitaines renommés. Les Suisses étaient entrés dans la ligue qui s'était formée contre les Français. François Ier les tailla en pièces à la mémorable bataille de Marignan, qui assura pour quelques années le Milanais à la France. François Ier fit preuve d'une grande intrépidité dans cette chaude affaire et se fit armer chevalier par Bayard qui s'y était aussi distingué.

Suite à la victoire de Marignan, quel type de traité est signé avec les Suisses et n'a jamais été rompu depuis ?

RIVAL TENACE

À cette époque, la France fut confrontée au péril mortel qu'incarnait Charles Quint. Il devint empereur germanique grâce à ses héritages territoriaux : l'Autriche, les Pays-Bas, la Franche-Comté, l'Espagne et ses colonies d'Amérique, Naples. La France se sentait encerclée. La lutte était inévitable. Au début de leur rivalité, François Ier et Charles Quint recherchèrent les faveurs du roi d'Angleterre, en vue de tisser une alliance utile. Pour le séduire, François Ier organisa, près de Boulogne, la fastueuse entrevue du Camp du Drap d'or en 1520. Mais, François Ier eut le tort de vaincre son hôte dans une joute, et de le jeter rudement à terre. La vanité du roi en souffrit. Plein de rancune, il s'allia avec Charles Quint.

PAROLE HISTORIQUE

« Tel est notre plaisir ! »

Devise de François Ier, ponctuant ses édits.

ILLUSTRE DÉFAITE

François Ier fut vaincu et prisonnier à Pavie (1525). Il resta un an captif. Mais Charles Quint ne vint jamais à bout de la France, unie tout entière derrière son roi. Elle trouva des alliés : le pape, les princes protestants d'Allemagne et le sultan des Turcs. En revanche, elle ne put garder Milan ni reconquérir Naples.

LA DATE À RETENIR

1515 : Bataille de Marignan, gagnée par François Ier sur les Suisses.

Règne de François Ier — 1515 Bataille de Marignan — 1517 Luther publie ses thèses — 1520 — 1525 — 1530 — 1535 — 1539 Ordonnance de Villers-Cotterêts — 1540 — 1547 Décès de François Ier

HENRI IV

LE ROI PACIFICATEUR

Henri IV naquit au château de Pau. Son grand-père, le roi de Navarre, lui fit boire une goutte de vin et lui frotta les lèvres avec une gousse d'ail pour qu'il eût un tempérament vigoureux.
Le jeune prince ne fut pas élevé comme le sont les fils de roi. Ses compagnons de jeu furent les petits paysans béarnais. Sa mère, Jeanne d'Albret, lui faisait lire l'histoire des hommes illustres. Quand il eut quinze ans, elle le conduisit à l'armée.

LA MORALE DE L'HISTOIRE

Henri IV mit fin aux guerres de Religion et chassa définitivement les Espagnols de France.

LE SAVIEZ-VOUS ?

1. Henri IV est le :

☐ premier ☐ deuxième ☐ troisième
souverain français de la branche des Bourbon.

2. Dans quelle religion souhaitent l'instruire ses parents ?

☐ Le catholicisme ☐ Le protestantisme

3. À qui s'unit-il en 1572 ?

☐ La sœur de Charles IX, Marguerite de Valois.
☐ La fille de Henri III.

4. À la suite de quel massacre, Henri III de Navarre (futur Henri IV) est-il contraint de se convertir ?

RAISON D'ÉTAT

Henri III de Navarre (futur Henri IV), voyant que la France s'obstinait à le repousser, se fit instruire de la religion catholique, puis il abjura solennellement le protestantisme. Cette conversion lui ouvrit les portes de la capitale (1594).

C'ÉTAIT QUAND ?

1550 — 1553 — 1560 — 1570 — 1580 — 1589 — 1590 — 1593 — 1598

- 1553 : Naissance de Henri IV
- 1589 : Règne de Henri IV
- 1593 : Henri IV abjure le protestantisme
- 1598 : Henri IV nomme Sul surintendant des financ
- 1598 : Édit de N

L'ACTE FONDATEUR

Henri IV résolut de mettre fin aux guerres religieuses. Il publia un édit de pacification. Il accorda aux protestants la liberté de conscience, la liberté de culte dans les châteaux et dans un grand nombre de villes, des places de sûreté et le droit de se réunir en assemblées pour discuter leurs intérêts. Cet édit est une œuvre admirable de sagesse et de tolérance. Il sera l'éternel honneur d'Henri IV.

1. Combien de temps ont duré les guerres de religion ?

☐ 27 ans ☐ 36 ans ☐ 41 ans

2. Quel est l'autre nom donné aux protestants ?

……………………………………………

3. Quel est le nom de l'édit de pacification publié par Henri IV ?

……………………………………………

4. En quelle année fut-il publié ?

☐ 1596 ☐ 1598 ☐ 1599

L'ÉTOFFE D'UN HÉROS

Après avoir conquis Paris au terme d'un long siège, Henri IV parvint à renvoyer les Espagnols. Il les battit près de Dijon, à Fontaine-Française (1595), et à Amiens (1597). Puis il signa avec eux la paix de Vervins en 1598. À la suite de cette paix, les troupes espagnoles débarrassèrent le sol français. Les regardant défiler, le roi leur dit avec malice : « Mes compliments à votre maître, messieurs, mais n'y revenez pas ! »

LA DATE À RETENIR

Le 14 mai 1610, Henri IV est assassiné. Par qui ?

……………………………………………

MYTHE OU RÉALITÉ ?

Henri IV se préoccupa toujours d'améliorer le sort des paysans. Il disait : « Si Dieu me donne vie, je ferai en sorte qu'il n'y ait pas de laboureur en mon royaume qui n'ait, le dimanche, une poule dans son pot. »

Assassinat de Henri IV
1610 — 1620 — 1629 — 1630 — 1635 — 1640 — 1650
Régence de Marie de Médicis
Richelieu est nommé principal ministre d'État
Fondation de l'Académie française

SULLY

AMI INFAILLIBLE DU ROI

Fils de nobles protestants, Sully, à douze ans, est écolier à Paris. Il échappe au massacre de la Saint-Barthélemy en traversant les groupes des « tueurs », un gros livre de messe sous le bras : on le prend pour un bon catholique. À seize ans, Sully s'enrôle dans l'armée protestante. Il suit Henri de Bourbon (futur Henri IV) dans toutes ses guerres : les deux amis courent les mêmes dangers, partagent les repas et l'argent, comme les coups.

PAROLE HISTORIQUE

Complétez cette citation devenue historique.

« Pâturage et ...., voilà les deux

.... qui nourrissent la France,

nos vraies mines du .... »

Sully à la Saint-Barthélemy.

DESTIN D'UN PROTÉGÉ

Maximilien de Béthune, marquis de Rosny, plus connu sous le nom de Sully, fut le fidèle compagnon d'Henri IV. Vaillant capitaine, mais surtout habile conseiller et prudent administrateur des revenus royaux, il a rendu de grands services dans les moments difficiles. Henri IV le nomma surintendant général des finances. Sous ce titre, Sully fut le Premier ministre du royaume.

AVIS AUTORISÉ

« Entre lui et moi, c'est à la vie, à la mort. »

Henri IV, à propos de son ami Sully

C'ÉTAIT QUAND ?

1550 – 1559 : Naissance de Sully – 1560 – 1570 – 1580 – 1589 : Règne de Henri IV – 1590 – 1593 : Henri IV abjure le protestantisme – 1598 : Henri IV nomme Su[lly] surintendant des financ[es] ; Édit de N[antes]

L'ÉTOFFE D'UN HÉROS

Vrai ou Faux ? Cochez la bonne réponse.

1. Sully proclama le grand principe de libre circulation des grains et abolit de nombreux péages entre les provinces.

☐ Vrai ☐ Faux

2. Il fit construire des routes et ouvre de grandes voies de communication.

☐ Vrai ☐ Faux

3. Il refusa des ordonnances pour l'assèchement des marais et la conservation des forêts.

☐ Vrai ☐ Faux

4. Il protégea les paysans contre les déprédations des gens de guerre.

☐ Vrai ☐ Faux

5. Il interdit la saisie des instruments de labour et accorde aux paysans une remise sur les arriérés de la taille.

☐ Vrai ☐ Faux

6. Il lutte contre l'abus et les prodigalités et amasse un trésor en augmentant les impôts.

☐ Vrai ☐ Faux

REVERS DE LA MÉDAILLE

Sully était bourru, et il ne se gênait pas pour mettre à la porte les gens qui lui faisaient perdre son temps.

ACTE DE RÉSISTANCE

Sully, après la mort d'Henri IV, s'était retiré dans ses terres.
Un jour, Louis XIII le rappela pour lui demander un avis. Il se présenta devant le roi dans un costume qui n'était plus à la mode. Les jeunes nobles qui étaient là éclatèrent de rire. « Sire, dit Sully à Louis XIII, quand le roi, votre glorieux père, m'appelait en son Conseil, il faisait d'abord sortir tous les bouffons. » Sully ne reparut plus à la cour.

LA MORALE DE L'HISTOIRE

Sully fut un ministre vigilant, sévère, inflexible. S'il était avare de ses deniers, il ne l'était pas moins de ceux de l'État. Henri IV conçut les plans, Sully sut les rendre pratiques.

Sully devant le roi Louis XIII.

- 1610 : Assassinat de Henri IV ; Régence de Marie de Médicis
- 1620
- 1629 : Richelieu est nommé principal ministre d'État
- 1630
- 1634 : Sully nommé maréchal de France
- 1635 : Fondation de l'Académie française
- 1640
- 1641 : Décès de Sully
- 1650

PETITE RÉCRÉATION HISTORIQUE

EXERCICE 1

Associez le nom d'un personnage aux sites suivants.

A. Louis XI	1. Chambord
B. Bayard	2. Garigliano
C. François Ier	3. Pau
D. Henri IV	4. Péronne

EXERCICE 2

Classez par ordre chronologique les trois batailles suivantes : *bataille de Marignan, bataille de Pavie, massacre de la Saint-Barthélemy.*

....

....

....

....

EXERCICE 3

Parmi cette liste de héros, identifiez ces deux patronymes.

A. Bayard	1. Pierre Terrail
B. Sully	2. Maximilien de Béthune

EXERCICE 4

Attribuez à chaque héros le sort qui lui fut réservé. Attention : plusieurs héros ont connu le même sort.

A. Louis XI	1. Mort assassiné
B. Bayard	2. Mort de chagrin
C. François Ier	3. Mort au combat
D. Henri IV	4. Mort emprisonné
	5. Mort dans son lit

EXERCICE 5

Reconnaissez les vrais ennemis de nos héros. Attention : plusieurs héros peuvent avoir le même adversaire.

A. Louis XI	1. Charles Quint
B. Bayard	2. Charles le Téméraire
C. François Ier	3. Ravaillac
D. Henri IV	4. Duc de Milan

EXERCICE 6

Pour chacune des assertions suivantes, distinguez le vrai du faux.

A. Louis XI est le fils de Charles VII.
☐ Vrai ☐ Faux

B. Bayard est un neveu de François Ier.
☐ Vrai ☐ Faux

C. François Ier est le gendre de Louis XII.
☐ Vrai ☐ Faux

D. Catherine de Médicis est la mère de Charles IX.
☐ Vrai ☐ Faux

E. Charles IX est un cousin de François II.
☐ Vrai ☐ Faux

F. Jeanne d'Albret est la mère d'Henri IV.
☐ Vrai ☐ Faux

G. Henri IV est le grand-père de Louis XIII.
☐ Vrai ☐ Faux

H. Sully est un cousin d'Henri IV.
☐ Vrai ☐ Faux

EXERCICE 7

À qui est attribuée cette citation ?

« Paris vaut bien une messe. »

....

....

....

LA MONARCHIE ABSOLUE

Dès le règne de Louis XIII et sous Louis XIV, la royauté dut lutter contre ceux qui, à l'intérieur du pays, refusaient de se soumettre à son autorité : les protestants, les nobles. Après Richelieu et Mazarin, le pouvoir absolu du roi ne fut plus contesté.

En 1661, quand Louis XIV prit le pouvoir, la royauté était forte et respectée en France. L'orgueil conduisit le roi à reprendre les rêves de domination universelle qu'avaient eus Charles Quint et Philippe II. De longues guerres ruinèrent la France et assurèrent la prépondérance de l'Angleterre sur les mers et de l'Autriche sur le continent.

RICHELIEU

INSTIGATEUR DE L'ABSOLUTISME

En 1624, Louis XIII confia le pouvoir à Richelieu. Par son intelligence, sa fermeté et sa politique, il fut un grand ministre.

PAROLE HISTORIQUE

« Je n'ai jamais eu d'autres ennemis que ceux de l'État. »

Richelieu, avant de mourir, le 4 décembre 1642

LE SAVIEZ-VOUS ?

1. À quelle carrière se destinait Richelieu ?

☐ Une carrière militaire

☐ Une carrière dans les ordres

2. Quels titres avait Richelieu ?

....

3. À son avènement, quels dangers menaçaient l'autorité royale ?

☐ Les prétentions politiques des protestants

☐ Les intrigues et les révoltes des nobles

☐ L'ambition de la Maison d'Autriche

☐ La révolte des grands seigneurs du royaume

☐ Les conspirations du Conseil du roi

HOMME PROVIDENTIEL

Richelieu tourna d'abord ses efforts contre les protestants. Ils avaient la prétention de se mettre au-dessus des lois du royaume et de former une république indépendante, dont La Rochelle serait la capitale. Il mit le siège devant cette ville. Il entoura la place par des lignes fortifiées. Il fit fermer le port par une digue immense, et repoussa les attaques d'une flotte anglaise. La ville, isolée et bloquée de tous côtés, fut réduite à une misère extrême. Le maire de la ville remit à Richelieu les clefs de la place (1627).

C'ÉTAIT QUAND ?

1570 – 1574 : Règne de Henri III – 1580 – 1585 : Naissance de Richelieu – 1589 : Règne de Henri IV – 1590 – 1600 – 1585 : Règne de Louis XIII

REVERS DE LA MÉDAILLE

Complétez ce texte avec les mots suivants :

ennemis – force –frère – cardinal – noblesse – Dupes –mère – armes –conspirateur – révoltèrent – valet.

Richelieu résista par la .... aux plus proches parents du roi quand ceux-ci se .... Au .... du roi, Gaston d'Orléans, comme à sa ...., Marie de Médicis. Celle-ci ayant cru faire chasser Richelieu en sommant Louis XIII de choisir « entre sa mère et un .... », le roi garda sa faveur au .... et la reine mère dut s'exiler. Ce fut la journée des .... Le duc de Montmorency, chef de la ...., fut décapité pour avoir pris les .... contre le roi. Jusqu'à la fin de sa vie, Richelieu fut sans pitié pour les .... de l'État, et l'année de sa mort, il fit encore exécuter le .... Cinq-Mars et son ami de Thou.

LA MORALE DE L'HISTOIRE

Richelieu détruisit toutes les libertés qui pouvaient s'opposer à son autorité et assura le triomphe définitif du pouvoir absolu.

RAISON D'ÉTAT

Par une ordonnance de 1626, Richelieu ordonna la démolition dans tout le royaume des châteaux féodaux. La population vit disparaître avec satisfaction ces forteresses qui symbolisaient à ses yeux la tyrannie du système féodal.

STRATÈGE HORS PAIR

Pour défendre leur indépendance et leur religion, les princes protestants d'Allemagne s'étaient révoltés contre leur empereur qui était aussi souverain de l'Autriche. Ce fut la guerre de Trente Ans (1618-1648). Richelieu soutint d'abord en secret les ennemis de l'empereur, puis il engagea ouvertement la lutte contre l'Autriche et l'Espagne son alliée. À sa mort (1642), la France avait conquis l'Alsace, l'Artois et le Roussillon.

LA DATE À RETENIR

1627 : Richelieu assiège La Rochelle. L'année suivante, il s'en empare.

1624 – Richelieu, Premier ministre
1626 – Démolition des châteaux féodaux sur ordre de Richelieu
1627 – Siège de La Rochelle
1630
1635 – Richelieu fonde l'Académie française
1640
1642 – Décès de Richelieu
1643 – Régence d'Anne d'Autriche et de Mazarin
1650
1660
1661 – Règne du Roi-Soleil
1670

VINCENT DE PAUL

CONSOLATEUR DES PAUVRES

Né d'une famille pauvre, enfant, il garda les troupeaux. À douze ans, on le fit entrer au couvent pour qu'il y commence des études. À vingt-quatre ans, il était prêtre. C'était en l'an 1600. Quelques années plus tard, voyageant sur mer, de Marseille à Narbonne, il fut pris par des pirates, emmené captif à Tunis et vendu comme esclave. Il eut successivement plusieurs maîtres musulmans. Le dernier était un ancien chrétien. Vincent de Paul le ramena à la religion chrétienne, s'échappa de Tunis avec lui et rentra en France. C'est alors qu'il résolut de mettre sa vie au service des malheureux.

LE SAVIEZ-VOUS ?

1. Où Vincent de Paul fit-il ses études ?

☐ Au couvent des dominicains

☐ Au collège des Cordeliers

☐ Au couvent des Carmes

2. Sous quel règne a t-il vécu ?

LA MORALE DE L'HISTOIRE

Vincent de Paul mourut à quatre-vingts ans vénéré de tous.

Quel surnom lui a t-on attribué ?

☐ Le père de la patrie ☐ Le père des Français

☐ Le père des pauvres

COMPASSION

Vincent de Paul se montra d'un admirable dévouement envers les galériens. Aumônier royal des galères de France sous Louis XIII, il reconnut que l'un d'eux avait été condamné injustement. Pris de pitié pour cet homme que le désespoir accablait, il se chargea de ses fers jusqu'à ce que sa grâce fût obtenue.

AVIS AUTORISÉ

« Les pauvres viennent de faire une grande perte. »

La reine Anne Autriche, apprenant la mort de Vincent de Paul (1660)

C'ÉTAIT QUAND ?

- 1570
- 1574 – Règne de Henri III
- 1581 – Naissance de Vincent de Paul
- 1589 – Règne de Henri IV
- 1690
- 1600
- 1610 – Règne de Louis XIII

GRANDEUR D'ÂME

Lorsque la reine le faisait venir dans son palais du Louvre, il arrivait sur un cheval de labour dans une soutane tout usée… Cela ne lui faisait rien ; il ne pensait qu'aux pauvres.

Vincent de Paul sut mobiliser au service de sa cause de grandes dames de la noblesse. Remettez les lettres dans l'ordre pour découvrir leurs noms.

1. Madame ED ODGIN : ....
2. Madame TOSSAUGUL : ....
3. Mademoiselle ED YFA : ....
4. La Duchesse d'UIOAILLNG : ....
5. La Reine NEAN D'AHEURICT : ....
6. La princesse ED DEONC : ....

PAROLE HISTORIQUE

« Il faut tenir comme maxime indubitable que les difficultés que nous avons avec notre prochain viennent plutôt de nos humeurs que d'autre chose. »

L'ÉTOFFE D'UN HÉROS

En ce temps de guerres continuelles avec les Espagnols, le peuple de France était profondément malheureux. Dans les campagnes, les récoltes étaient détruites et les paysans mouraient de faim. Avec les aumônes et les vivres que Vincent de Paul récolta, il nourrit des milliers d'indigents, soigna les pauvres et les malades. Il recueillit les petits enfants abandonnés dans les rues ou sur les marches des églises par leurs parents qui ne pouvaient plus subvenir à leurs besoins. Il les confiait à des dames catholiques qui en prenaient soin en véritables mères. Il s'occupait de tous les malheureux, même des criminels condamnés aux travaux forcés. Il allait souvent rendre visite aux prisonniers, les consolait et les réconciliait avec le bon Dieu.

LA DATE À RETENIR

1633 : Avec la vénérable Louise de Marillac, saint Vincent de Paul fonde la congrégation des Filles de la Charité.

1624 – ichelieu, remier ministre
1626 – Démolition des châteaux aux sur ordre de Richelieu
1627 – Siège de La Rochelle
1633 – Fondation de la congrégation des Filles de la Charité
1635 – Richelieu fonde l'Académie française
1640
1643 – Régence d'Anne d'Autriche et de Mazarin
1650
1660 – Décès de Vincent de Paul
1670

LOUIS XIV

MONARQUE DE DROIT DIVIN

En 1661, Louis XIV annonça qu'il gouvernerait désormais lui-même, c'est-à-dire sans Premier ministre. Et jusqu'à sa mort, il tint parole. Son air noble, sa patience, son exquise politesse et son application au travail en imposaient à tout le monde. On n'avait jamais vu sur le trône de France un prince si beau et si majestueux. Jamais non plus, on n'y avait vu un prince si puissant.

L'ÉTOFFE D'UN HÉROS

Louis XIV eut le mérite de forcer les souverains d'Europe à respecter la France. Il eut aussi cet autre mérite de savoir remarquer et protéger les hommes illustres de son royaume.
Le XVIIe siècle, qui est le siècle de Louis XIV, est l'un des plus beaux siècles de l'Histoire de France.

1. À quel âge Louis XIV est-il devenu roi ?

☐ À presque 5 ans ☐ À 7 ans ☐ À 9 ans

2. À quel âge, Louis XIV a t-il annoncé qu'il gouvernerait lui-même ?

☐ 21 ans ☐ 23 ans ☐ 25 ans

3. Quelle est sa première décision en tant que roi ?

☐ Faire construire le château de Versailles

☐ Supprimer le poste de Premier ministre

☐ Révoquer l'édit de Nantes

RAISON D'ÉTAT

Selon Louis XIV, son pouvoir devait être absolu parce qu'il avait été établi par Dieu, de droit divin. Mais il reconnaissait en même temps qu'il avait de grands devoirs à remplir. « C'est par le travail qu'on règne », disait-il, et pendant cinquante ans, il travailla régulièrement huit heures par jour. C'est ce qu'il appelait « faire son métier de roi ».

LA MORALE DE L'HISTOIRE

Louis XIV laissait en mourant la France agrandie de plusieurs provinces mais ruinée. Son époque, glorieuse par les succès militaires, le fut aussi par les lettres et les arts.

C'ÉTAIT QUAND ?

1638 – Naissance de Louis XIV
1640
1643 – Régence d'Anne d'Autriche et de Mazarin
1645
1648 – La Fronde
1650
1655
1659 – *Les Précieuses Ridicules* de Molière
1660 – Mariage avec Marie-Thérèse d'Autriche
1661 – Règne de Louis XIV
1670
1665 – Colbert devient contrô[leur] général des Finances

4. Quel événement est à l'origine de cette décision ?

☐ La mort de Mazarin, son premier ministre

☐ Le décès de sa mère

5. Quel château a inspiré le château de Versailles ?

☐ Le château de Blois

☐ Le château de Vaux le Vicomte

☐ Le château de Vincennes

6. Qui était l'architecte du château de Versailles ?

☐ Jules-Hardouin Mansart

☐ François Mansart

☐ Philibert Delorme

7. Quelle est la durée du règne de Louis XIV ?

☐ 54 ans ☐ 63 ans ☐ 72 ans

REVERS DE LA MÉDAILLE

Vrai ou Faux ? Cochez la bonne réponse.

1. En 1685, il révoque l'édit de Nantes avec l'édit de Fontainebleau.

☐ Vrai ☐ Faux

2. Il souhaitait permettre aux Français d'avoir une autre religion que la sienne.

☐ Vrai ☐ Faux

3. Depuis l'édit d'Alais, les protestants n'avaient plus conspiré.

☐ Vrai ☐ Faux

GRANDEUR D'ÂME

Jamais la grandeur d'âme du roi ne s'éleva si haut que lors de la guerre de Succession d'Espagne. Lui, si orgueilleux, se vit obligé d'implorer la paix. Il proposa même à nos ennemis de laisser passer leurs troupes qui iraient en Espagne combattre Philippe V. Plus encore, il s'engagea à payer ces troupes.
Cela ne suffit pas : les alliés exigèrent que Louis XIV joignît ses soldats aux leurs pour renverser son petit-fils, le duc d'Anjou. « S'il faut faire la guerre, dit le vieux roi, j'aime mieux la faire à mes ennemis qu'à mes enfants. »
C'est alors qu'il confia sa dernière armée à Villars : « Si un malheur arrive, dit-il, je vous rejoindrai pour périr avec vous ou sauver l'État. »
Nous savons que l'État fut sauvé.

LA DATE À RETENIR

1661 : Louis XIV commence à gouverner par lui-même, sans Premier ministre.

COLBERT

TOUT-PUISSANT MINISTRE EN DISGRÂCE

Jean-Baptiste Colbert était le petit-fils d'un drapier de Reims. Pendant sa jeunesse, il s'adonna au commerce. Son mérite le fit distinguer et il devint l'intendant de Mazarin. Celui-ci sut apprécier les talents de son serviteur, et, avant de mourir, il le recommanda à Louis XIV.
Dès l'année 1661, Colbert fut élevé au poste de contrôleur général. Aux finances, il joignit bientôt les beaux-arts, l'agriculture, le commerce, les travaux publics de la marine, et, jusqu'à sa mort, en 1683, il dirigea près de cinq des ministères sans fléchir un seul jour sous ce fardeau écrasant.

L'ÉTOFFE D'UN HÉROS

Colbert réprima nombre d'abus, releva les finances, protégea l'agriculture, l'industrie, le commerce. Il organisa la marine que Richelieu avait créée, fonda des colonies magnifiques en Amérique, en Asie et en Afrique, et eut une part considérable dans toutes les grandes choses qui firent la gloire de la première période du règne.

1. En quoi consistait le colbertisme ?

☐ Un protectionnisme industriel

☐ La création d'institutions

☐ La lutte contre la fraude

2. Jusqu'à quelle date la France pratiqua t-elle ce système ?

☐ Jusqu'en 1830 ☐ Jusqu'en 1860

☐ Jusqu'en 1914

MYTHE OU RÉALITÉ ?

Colbert travaillait seize heures par jour. Quand il s'asseyait à sa table, le matin, il se frottait les mains de plaisir. Il ne voulait pas être dérangé. Un jour, une grande dame était dans son cabinet et lui demandait une faveur. Colbert continuait de lire des papiers et ne l'écoutait pas. La dame se mit à genoux, et lui dit : « Monseigneur, je vous en supplie, écoutez-moi. » Alors Colbert se mit aussi à genoux, et lui dit : «Madame, je vous en supplie, laissez-moi tranquille. » La dame s'en alla furieuse.

C'ÉTAIT QUAND ?

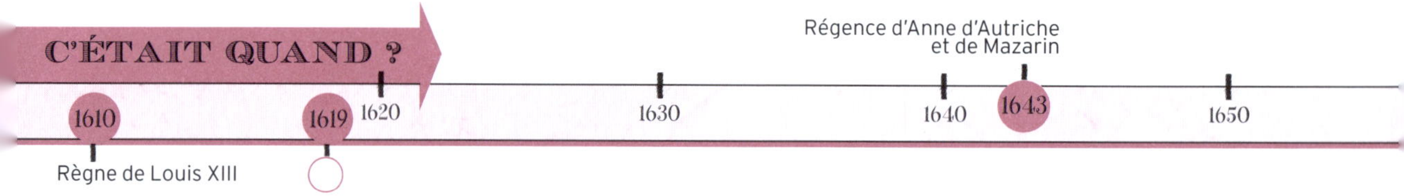

PAROLE HISTORIQUE

« Je déclare à Votre Majesté qu'un repas inutile de 3 000 livres me fait une peine incroyable. Et, s'il fallait donner des millions pour la grandeur de la patrie, je vendrais tout mon bien et j'irais à pied toute ma vie si c'est nécessaire. »

Colbert s'adressant à Louis XIV

Marchand au pilori pour avoir contrevenu aux règlements de Colbert.

REVERS DE LA MÉDAILLE

Colbert augmenta la sévérité des règlements des corporations. S'ils interdisaient de fabriquer des marchandises de mauvaise qualité, ils empêchaient aussi tout progrès.

AVIS AUTORISÉ

Qui a dit en s'adressant à Louis XIV ?

« Sire, je vous dois tout, mais je crois m'acquitter en vous donnant Colbert. »

☐ Mazarin ☐ Fouquet ☐ Molière

LA MORALE DE L'HISTOIRE

La France dut à cet homme de bien, vingt ans d'une complète prospérité.

OÙ ET QUAND ?

Placez sur la frise les événements suivants.

1. Naissance de Colbert
2. Colbert nommé contrôleur général des finances
3. Disgrâce de Fouquet
4. Décès de Mazarin
5. Décès de Colbert.

LA DATE À RETENIR

1661 : Colbert succède à Fouquet, accusé de prévarication.

Règne du Roi-Soleil

1661 1665 1670 1680 1683 1690 1700 1710

TURENNE

LIBÉRATEUR DE L'ALSACE

Henri de La Tour d'Auvergne, vicomte de Turenne, fut le plus grand tacticien de son siècle.
N'abandonnant rien au hasard, il calculait tous ses mouvements. Moins hardi que Condé, son rival de gloire, mais calme et impassible, il avait plus que lui l'habileté stratégique qui prépare le succès. La plus belle campagne militaire de Turenne fut celle d'Alsace, lors de la guerre en Hollande (1674). Obligé de battre en retraite devant des forces considérables, il s'était cantonné dans la Lorraine, derrière les Vosges, pendant l'hiver. Lorsque toutes les routes furent couvertes de neige, il franchit les montagnes, tomba sur les ennemis épouvantés, et les vainquit à Mulhouse, à Colmar et à Turckheim. Ainsi fut délivrée l'Alsace.

LE SAVIEZ-VOUS ?

1. Où est né Turenne ?

☐ Dans les Ardennes ☐ En Alsace ☐ À Paris

2. Quels ont été les titres militaires de Turenne en 1643 et 1660 ?

☐ Général ☐ Maréchal de France
☐ Maréchal général

3. Où fut enterré Turenne ?

☐ À la basilique Saint-Denis

☐ Au Panthéon

☐ Aux Invalides

GRANDEUR D'ÂME

Turenne aimait ses soldats.
Il en prenait grand soin et ne les faisait pas tuer, à la bataille, sans nécessité. Mais il les faisait travailler et les surveillait lui-même. Il allait le matin à la tranchée, il y allait le soir, et il y retournait une troisième fois après souper.

PAROLE HISTORIQUE

« Il ne faut pas qu'il y ait un homme de guerre en repos en France, tant qu'il y aura un Allemand en Alsace. »

C'ÉTAIT QUAND ?

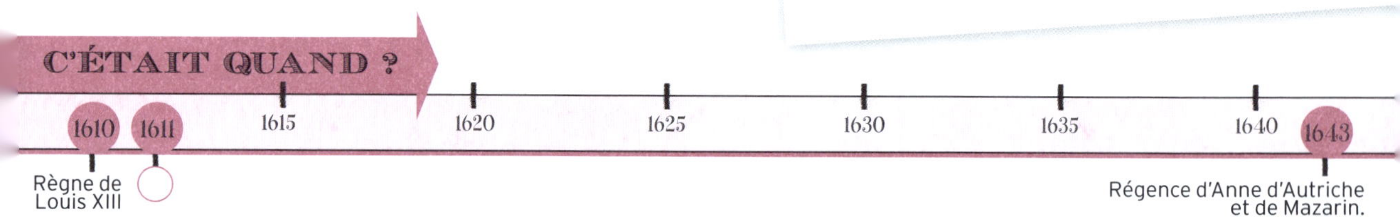

ISSUE FATALE

Ce grand capitaine fut tué sur le champ de bataille, en Allemagne, près du village de Sasbach (1675). C'était un samedi. À deux heures, après avoir mangé, il monta à cheval pour aller voir comment étaient placés ses hommes et ses canons. Il était tout près de l'ennemi. Un boulet lui traversa le corps et lui emporta une partie du cou. Il tomba de sa monture, ouvrit deux fois de grands yeux et la bouche, puis mourut. La France entière le pleura.

1. Où est exposé le boulet de canon qui lui coûta la vie ?

☐ Au musée du Louvre

☐ Au musée de l'armée à Paris

☐ Au musée Turenne

2. Un timbre à son effigie a été émis. À quelle date ?

☐ Le 18 juin 1945 ☐ Le 12 juin 1948

☐ Le 13 juin 1960

QUI A DIT ?

« Turenne, dans ses lettres, quand il s'agit d'une victoire, dit : "Nous l'avons remportée", et lorsqu'il s'agit d'une défaite : "J'ai été battu". »

☐ Honoré de Balzac ☐ Céline

☐ Henry de Montherlant

OÙ ET QUAND ?

Placez les événements suivants sur la frise chronologique.

1. Règne du Roi-Soleil
2. Maréchal de France
3. Naissance de Turenne
4. Décès de Turenne

1650 — 1651 — 1655 — 1660 — 1661 — 1665 — 1670 — 1675 — 1680

REVERS DE LA MÉDAILLE

Turenne était un homme calme, très maître de lui. Mais quelquefois, pendant les batailles, il ne pouvait s'empêcher de trembler. Il parlait à son corps comme on parle à un serviteur. Il lui disait : « Tu trembles, carcasse. Mais si tu savais où je vais te mener tout à l'heure, tu tremblerais bien davantage ! »

LA DATE À RETENIR

27 juillet 1675 : Turenne est tué d'un coup de canon à Sasbach (grand-duché de Bade).

PETITE RÉCRÉATION HISTORIQUE

EXERCICE 8

À chacun de ces héros, attribuez son métier ou titre. 1. *Aumônier* - 2. *Maréchal* - 3. *Cardinal* - 4. *Ministre*

A. Richelieu ....

B. Vincent de Paul ....

C. Turenne ....

D. Colbert ....

EXERCICE 9

Attribuez à chaque héros le sort qui lui fut réservé. Attention : plusieurs héros ont connu le même sort.

1. *Mort au combat* - 2. *Mort en disgrâce* - 3. *Mort dans son lit* - 4. *Mort ruiné*

A. Richelieu ....

B. Vincent de Paul ....

C. Louis XIV ....

D. Turenne ....

E. Colbert ....

EXERCICE 10

Associez le nom d'un personnage aux sites suivants. Attention : plusieurs sites peuvent être associés à un même héros.

1. *La Rochelle* - 2. *Reims* - 3. *Saint-Denis* - 4. *Tunis* - 5. *Versailles*

A. Richelieu ....

B. Vincent de Paul ....

C. Louis XIV ....

D. Turenne ....

E. Colbert ....

EXERCICE 11

Classez par ordre chronologique les trois opérations militaires suivantes.

1. *guerre de Hollande* - 2. *fin de la guerre de Trente Ans* - 3. *siège de La Rochelle.*

....

EXERCICE 12

Parmi ces patronymes, entourez les deux héros à qui ils appartiennent.

1. *Armand Jean du Plessis* - 2. *Henri de La Tour d'Auvergne*

Richelieu - Vincent de Paul -

Turenne - Colbert

EXERCICE 13

Rattachez à chacun de ces héros la personnalité liée à son histoire.

Attention : une même personnalité peut être rattachée à plusieurs héros.

1. *Louis XIII* - 2. *Louis XIV*

A. Richelieu ....

B. Vincent de Paul ....

C. Turenne ....

D. Colbert ....

EXERCICE 14

Combien d'années se sont écoulées :

A. entre le début du siège de La Rochelle et la mort de Richelieu ?

....

B. entre la mort de Vincent de Paul et la prise du pouvoir par Louis XIV ?

....

C. entre la mort de Turenne et la mort de Colbert ?

....

D. entre la publication de l'Édit de Nantes et sa révocation ?

....

LA RÉVOLUTION FRANÇAISE

Le XVIIIe siècle a préparé le mouvement d'idées et de réformes qui devaient aboutir à la révolution de 1789.

Tandis que la royauté se perdait par ses fautes, la nation se réveillait, animée d'une vie nouvelle. Voltaire, Rousseau, Montesquieu, d'Alembert, Diderot signalaient les vices de l'ancienne société et proclamaient la nécessité des réformes.

Un besoin de changement, une aspiration vers un avenir meilleur agitaient la bourgeoisie française. Quand Louis XVI convoqua les États généraux, la révolution était déjà faite dans les esprits.

TURGOT

RÉFORMATEUR INCOMPRIS, PRÉCURSEUR DE LA RÉVOLUTION

Louis XVI avait nommé contrôleur général des finances un habile économiste, le sage Turgot. Il se mit courageusement à l'œuvre malgré l'opposition de tous ceux qui étaient intéressés au maintien des abus. En dix-huit mois, il rendit plus de cent ordonnances. Il établit la liberté du commerce du blé, supprima la corvée, les corporations, et voulut rendre l'impôt proportionnel. Ses ennemis redoublèrent d'efforts.

RÉFORMATEUR INCOMPRIS

Turgot méditait la plupart des réformes qui furent plus tard les conquêtes de la Révolution. Il exposait en ces termes son programme financier : point de banqueroute, point d'augmentation d'impôts, point d'emprunts. Il était bien résolu à ramener la dépense au-dessous de la recette et il conseillait au roi de se mettre en garde contre sa bonté même.

Son plan de réorganisation politique eut substitué un régime libéral au gouvernement du bon plaisir. Il voulait créer une représentation nationale à tous les degrés, depuis la commune jusqu'à l'État. Il se proposait d'établir l'égalité et l'unité de l'impôt. Il voulait enfin former un conseil chargé, sous l'autorité du gouvernement, de diriger l'éducation nationale.

L'ÉTOFFE DU HÉROS

Turgot voulut que l'impôt fût payé par tous. Il était injuste que l'impôt fût si lourd au peuple qui était pauvre, et si léger à la noblesse et au clergé qui étaient riches. Or, ni la noblesse ni le clergé n'admettaient que Turgot touchât à leurs privilèges et surtout qu'il les assujettît à l'impôt.
À la Cour, il se forma une coalition pour renvoyer Turgot. Le roi résista un peu. Mais son intelligence très bornée le rendait incapable de comprendre toute la gravité de la situation. En effet, Louis XVI, absorbé dans des paperasses, dressait des plans pour la destruction des lapins. C'était là une des occupations du roi de France à la veille de la Révolution.

C'ÉTAIT QUAND ?

1720 — 1723 — 1725 — 1727 — 1730 — 1733 — 1735 — 1740 — 1745

1723 : Règne de Louis XV

1727 : Naissance de Turgot

LEGS SPIRITUEL

Cochez ci-dessous, les idées économiques prônées par Turgot.

- ☐ 1. Droit de hallage
- ☐ 2. Libre-échange
- ☐ 3. Spéculation
- ☐ 4. Suppression de la corvée royale
- ☐ 5. Réduction du déficit
- ☐ 6. Hausse des impôts

LA MORALE DE L'HISTOIRE

Ami du peuple et dévoué au roi, esprit libéral et tolérant, Turgot aurait pu détruire une partie des abus de l'Ancien Régime et peut-être sauver la royauté.

OÙ ET QUAND ?

Placez les événements suivants sur la frise chronologique.

1. Établissement de l'impôt sur le dixième
2. Turgot nommé contrôleur général des finances
3. Prise de Québec par les Anglais
4. La France reconnaît l'indépendance des États-Unis d'Amérique
5. Création de l'École militaire

PAROLE HISTORIQUE

« Je souhaite que le temps ne me justifie pas, et que votre règne soit aussi heureux, aussi tranquille que vos peuples se le sont promis, d'après vos principes de justice et de bienfaisance. »

Lettre de Turgot disgracié à Louis XVI.

AVIS AUTORISÉ

« Il n'y a que Monsieur Turgot et moi qui aimions le peuple. »

Louis XVI

LA DATE À RETENIR

12 mai 1776 : Disgrâce de Turgot.

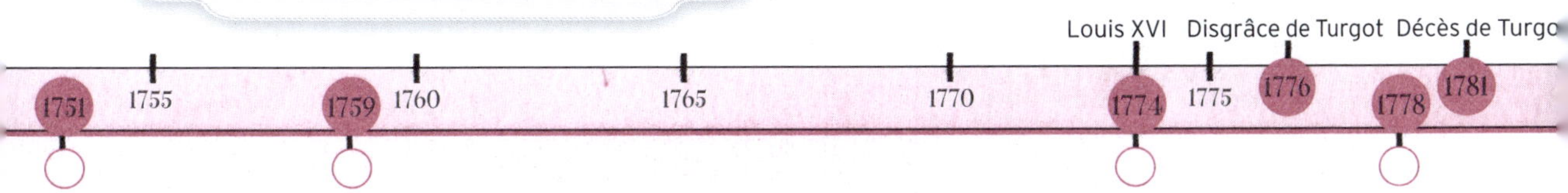

LA FAYETTE

EXPORTATEUR DE RÉVOLUTION

En 1776, la République des États-Unis fut proclamée, présidée par Washington. Se rendant vite compte que, sans alliés, la nouvelle République serait certainement battue par l'Angleterre, il envoya son émissaire Benjamin Franklin demander secours à la France. Louis XVI se contenta de laisser partir pour l'Amérique des volontaires. Parmi eux, un jeune noble, le marquis de La Fayette, se distingua pour en assurer le commandement. Sur ses propres deniers, il arma un grand bateau, appelé *La Victoire*.

LE SAVIEZ-VOUS ?

1. La Fayette débarque à :
- ☐ A. Georgetown
- ☐ B. Yorktown
- ☐ C. Philadelphie

2. Il entre comme aide de camp du général :
- ☐ A. George Washington
- ☐ B. John Edward Kennedy
- ☐ C. Alfred Washington

3. Il fut blessé à la bataille de :
- ☐ A. Washington
- ☐ B. Virginie
- ☐ C. Brandywine

VICTOIRE CRUCIALE

Sur le continent américain, La Fayette, uni au général américain Green, fut battu par le général anglais Cornwallis, dans la Caroline-du-Nord, en 1780. Mais La Fayette, Rochambeau et Washington réparèrent cet échec l'année suivante, par le plus célèbre fait d'armes de cette guerre. Le 27 septembre, ils mettaient le siège devant Yorktown, où Cornwallis avait été contraint de se réfugier. Les attaques furent dirigées habilement. Une première attaque, dans la nuit du 14 au 15 octobre, permit de cerner l'armée anglaise et de bombarder l'intérieur de la place. Le 16 octobre, les assiégés tentèrent une dernière sortie, et le 19, ils signèrent la capitulation. Lord Cornwallis et son corps d'armée étaient prisonniers de guerre.

C'ÉTAIT QUAND ?

1757	Naissance de La Fayette
1774	Règne de Louis XVI
1781	Bataille de Yorktown
1789	Révolution — Chef de la Garde nationale

1750 – 1760 – 1765 – 1770 – 1780 – 1785 – 1790

LEGS SPIRITUEL

Pendant la Grande Guerre de 1914-1918, les Américains se sont rappelés qu'autrefois les Français étaient allés à leur secours. À leur tour, les États-Unis sont venus en aide à la France. Le premier général américain arrivé à Paris se fit conduire au tombeau de La Fayette, fit le salut militaire, et s'écria : « La Fayette, nous voici ! »

Vrai ou faux ?

1. De son vivant sa popularité est immense aux États-Unis. Lors de son retour en 1824, deux tiers des New-Yorkais l'ont accueilli.

☐ Vrai ☐ Faux

2. Il a tout fait pour obtenir des armes auprès de Louis XVI pour combattre les Anglais.

☐ Vrai ☐ Faux

3. Le marquis de La Fayette devient citoyen d'honneur des États-Unis à titre posthume.

☐ Vrai ☐ Faux

DESTIN FUNESTE

À son retour d'Amérique, il s'attacha au parti de la Révolution. Le 15 juillet 1789, il contribua à la formation de la Garde nationale et en fut nommé commandant. Il lui donna pour emblème la cocarde tricolore. Plus tard, il se montra hostile aux Jacobins et se réfugia à l'étranger. Prisonnier des Prussiens, il ne rentra en France qu'après le 9 thermidor. Il vécut à l'écart sous l'Empire, et mourut en 1834.

LA CAPITULATION DE YORKTOWN.

LA DATE À RETENIR

15 juillet 1789 : Louis XVI nomme La Fayette commandant en chef de la Garde nationale.

LA MORALE DE L'HISTOIRE

Les soldats qui revenaient d'Amérique rapportaient des idées de liberté. La guerre de l'Indépendance américaine a préparé la Révolution française.

1800 Consulat — 1804 Premier Empire — 1810 — 1814 Restauration — 1820 — 1830 Monarchie de Juillet — 1834 Décès de La Fayette — 1840 — 1848 IIe République

MIRABEAU

LE PLUS POPULAIRE DES ORATEURS DE L'ASSEMBLÉE

Noble de Provence, il fut délégué par Marseille comme député du Tiers. Sa jeunesse avait été orageuse et il avait passé plusieurs années dans les prisons d'État. Il avait une tête énorme, la figure marquée par la variole. Mais cette laideur se transfigurait à la tribune. Il avait une voix puissante, une éloquence passionnée et ardente. Il terrifiait ses adversaires.

1789 LES ÉTATS GÉNÉRAUX DE VERSAILLES

1. Pourquoi les députés du Tiers État expriment leur mécontentement le 5 mai ?

☐ **A.** Le roi ne veut pas les recevoir.

☐ **B.** Le roi leur demande de l'argent mais ne propose pas de réforme.

☐ **C.** Les députés de la Noblesse et du Clergé ne veulent pas travailler avec eux.

2. Quel nom prend le Tiers État dès le 17 juin ?

☐ **A.** Sénat

☐ **B.** Assemblée nationale

☐ **C.** Parlement

ACTE DE RÉSISTANCE

Le 23 juin, le roi convoqua tous les députés pour ordonner à chacun de délibérer dans sa salle particulière. Mais, les députés du Tiers État refusèrent de quitter leur salle de réunion. Mirabeau répondit à son émissaire, le marquis de Dreux-Brézé : « Allez dire à votre maître que nous sommes ici par la volonté du peuple et que nous n'en sortirons que par la force des baïonnettes ! »

PAROLE HISTORIQUE

« J'emporte avec moi le deuil de la monarchie. Les factions s'en disputeront les lambeaux. »

Mirabeau, avant d'expirer, le 2 avril 1791.

C'ÉTAIT QUAND ?

1740 — 1745 — 1749 — 1750 — 1755 — 1760 — 1765

1749 : Naissance de Mirabeau

3. Quel engagement est pris par les députés du Tiers État lors du serment du jeu de Paume le 20 juin ?

☐ **A.** De ne pas se séparer avant l'élaboration d'une Constitution.

☐ **B.** De ne pas rendre le château de Versailles à Louis XVI.

☐ **C.** D'exécuter le roi et sa famille le plus rapidement possible.

QUI A DIT ?

« Ils ne veulent pas sortir. Eh bien qu'on les y laisse ! »

☐ Louis XVI ☐ Talleyrand ☐ Foucher

Mirabeau, l'orateur de la Révolution

LA DATE À RETENIR

2 avril 1791 : Mort de Mirabeau.

VICTOIRE AMÈRE

La Cour ne pouvait se résigner à voir le Tiers État triompher. L'ordre fut donné à dix régiments de se concentrer autour de Paris et de Versailles. Le roi, mal conseillé par des courtisans aveugles, voulait disperser l'Assemblée et réduire Paris au silence. Mirabeau, parlant des mauvais conseillers du roi, disait : « Ont-ils pensé à l'impulsion formidable dont un peuple, poussé à bout, peut secouer le joug des despotes ! »

REVERS DE LA MÉDAILLE

En 1791, Mirabeau était effrayé des ruines accumulées depuis deux ans. Il s'était rapproché de la Cour depuis que Louis XVI le pensionnait. Il se préparait à enrayer le mouvement révolutionnaire. Ses contemporains ignoraient ses rapports avec le roi, et tout le temps que dura sa maladie, l'Assemblée nationale fit prendre de ses nouvelles. Son corps fut transporté en grande pompe au Panthéon d'où la Convention le fit plus tard enlever, quand les papiers de l'armoire de fer eurent révélé sa secrète connivence avec la Cour.

1774 1775 1780 1785 1789 1790 1791 1795 1800

…ègne de Louis XVI — Révolution — Décès de Mirabeau — Consulat

DANTON

LE TRIBUN DE LA TERREUR

Danton avait une grosse tête, de petits yeux, une forte carrure et une voix de stentor. Son éloquence frappait ses auditeurs par sa conviction, ses gestes animés et les grands éclats de sa voix.
Il était un fervent patriote et s'entendait à stimuler toutes les énergies pour le salut du pays. Il était surtout bon et humain : c'est peut-être là son seul titre de gloire.

LA CONVENTION NATIONALE

Reliez chaque personnage à son groupe parlementaire.

Danton ●	
Condorcet ●	
Marat ●	● GIRONDINS
Brissot ●	● MONTAGNARDS
Robespierre ●	
Saint Just ●	
Buzot ●	

TENACE RIVALITÉ

La Convention, réunie le 20 septembre 1792, décréta l'abolition de la royauté et l'établissement de la République.
La lutte éclata bientôt entre les Montagnards[1] et les Girondins. Les Montagnards, que conduisait Danton, avaient pour eux la Commune de Paris, toute-puissante depuis la déchéance du roi, et le parti populaire. Les Girondins quant à eux s'appuyaient sur les fonctionnaires, sur les républicains modérés et sur les départements.

1. Appelés ainsi parce qu'ils siégeaient sur les bancs les plus élevés.

LA MORALE DE L'HISTOIRE

Danton était un vrai patriote. Comme tel, il encourageait les soldats à chasser l'envahisseur étranger.

C'ÉTAIT QUAND ?

1750 — 1755 — **1759** — 1760 — 1765 — 1770 — **1774**

1759 : Naissance de Danton

OÙ ET QUAND ?

Placez ces événements sur la frise chronologique :

1. Début du règne de Louis XVI
2. Danton ministre de la Justice
3. Prise de la Bastille
4. Danton président de la Convention
5. Consulat

ACTE DE RÉSISTANCE

Les Montagnards, victorieux des Girondins, ne restèrent pas longtemps unis. Les uns, comme Danton, pensaient qu'il était temps de revenir à la modération : c'étaient les indulgents. Les autres, comme Hébert, voulaient ériger la Terreur en système permanent et lui donner encore plus de violence : c'étaient les enragés. Robespierre, maître du Comité de salut public, s'efforça de détruire les deux partis.
Les Hébertistes montèrent d'abord sur l'échafaud. Onze jours après, ce fut le tour de Danton et de ses amis.

LA DATE À RETENIR

5 avril 1794 : Danton est guillotiné.

REVERS DE LA MÉDAILLE

Danton était très violent. Pour faire triompher la Révolution, les moyens les plus cruels lui paraissaient bons. Il s'écria un jour à la tribune : « De l'audace, encore de l'audace, toujours de l'audace ! », autrement dit : il faut guillotiner tous les ennemis de la République ! C'est lui qui organisa l'émeute du 10 août[2], laissa faire les massacres de Septembre[3] et fit créer le gouvernement révolutionnaire qui amena la Terreur. Il était malhonnête et trouva le moyen de s'enrichir par des trafics douteux pendant les troubles de la Révolution.

2. Le peuple de Paris accusait Louis XVI de s'entendre avec l'étranger : il envahit les Tuileries le 10 août 1792 et massacra deux mille Suisses qui composaient la garde du roi.

3. La nouvelle de la prise de Verdun exaspéra la population parisienne. Le 2 septembre 1792, quelques centaines de furieux, poussés par Marat, envahirent les prisons et massacrèrent les royalistes enfermés depuis le 10 août. « Il faut jeter à la face de l'Europe une tête de roi. »

L'ÉTOFFE D'UN HÉROS

Un ami avertit Danton qu'il était dangereux de se brouiller avec Robespierre, qui avait pour lui la Commune de Paris, les clubs et la Convention. Il répondit : « J'aime mieux être guillotiné que guillotineur. »

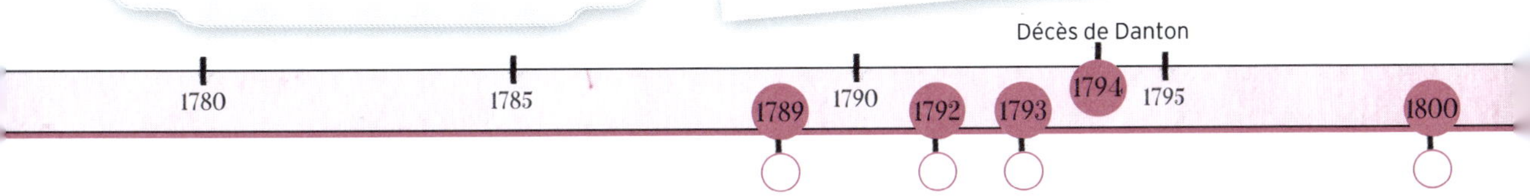

CARNOT

L'ORGANISATEUR DE LA VICTOIRE

Engagé très jeune, à dix-huit ans, dans l'arme du génie, Lazare Carnot confirma vite sa précocité. Il était tout juste capitaine au corps royal du génie, en 1783, lorsqu'il rédigea un éloge de Vauban pour l'Académie de Dijon. Bridé par ses origines modestes, il déclina une offre de service dans l'armée prussienne, puis se résolut à rallier la Révolution. Élu député du Pas-de- Calais, il délaissa la Plaine pour rejoindre les Montagnards, avant de voter la mort du roi. La confiance qu'il gagna auprès du Comité de salut public lui valut d'être nommé délégué aux Armées. Dans les opérations militaires s'affirma aussitôt son ambition…

RAISON D'ÉTAT

En août 1793, la Convention décréta – sous le nom de « levée en masse » – le service militaire obligatoire pour les jeunes gens de dix-huit à vingt-cinq ans. À la tête de ces nouveaux soldats, Carnot réorganisa quatorze armées, et les confia à des généraux de modeste origine, jeunes et intrépides. Il créa des manufactures d'armes et des ateliers pour la confection des uniformes et des tentes. Il fit fondre les cloches des églises pour fabriquer des canons. Il fut le grand organisateur de la victoire.

L'ÉTOFFE D'UN HÉROS

Des représentants en mission, envoyés par la Convention, venaient soutenir le courage des soldats et surveiller les généraux. Certains de ces députés firent preuve de la plus grande bravoure. À Wattignies, le représentant Carnot entraîna les troupes, en combattant à pied, un fusil à la main, comme un simple soldat.

PAROLE HISTORIQUE

« Je ne sais qu'une chose, c'est que, quand les Conventionnels sont entrés au Comité de salut public, la France était perdue. Elle était sauvée quand ils en sont sortis. »

Lazare Carnot, pour balayer les accusations pesant sur ses amis de la Convention.

C'ÉTAIT QUAND ?

1750 – 1753 – 1755 – 1760 – 1765 – 1768 – 1770 – 1774 – 1775 – 1780 – 1789

1753 : Naissance de Carnot

1768 : Traité de Versailles

1774 : Règne de Louis XVI

1789 : Révolutic

Entourez dans cette grille les noms de 4 des généraux à qui Carnot confia l'armée.

....

....

....

....

D	O	T	Y	U	R	S	U	A	K
E	L	B	I	U	E	E	R	R	L
G	A	M	J	R	I	G	U	E	E
O	G	A	H	O	C	H	E	R	B
C	B	R	N	Q	U	I	E	R	E
I	M	C	R	U	E	R	F	A	R
A	R	E	E	N	T	I	D	R	K
N	U	A	G	E	R	A	J	A	E
T	D	U	A	H	C	R	A	M	N
O	R	D	L	O	I	A	G	A	V

STRATÈGE HORS PAIR

Carnot encadra les jeunes soldats, enthousiastes mais sans expérience, parmi les vieux soldats rompus à la discipline. Il forma ainsi les brigades et demi-brigades qui firent trembler l'Europe. Il recommanda une nouvelle tactique qui convenait à l'esprit de cette armée : la guerre offensive, l'attaque par grandes masses, les charges à la baïonnette. Entraînés par La Marseillaise, ces soldats étaient invincibles.

DESTIN FUNESTE

Cochez la bonne réponse.

1. En 1804, Carnot, qui faisait partie de l'Assemblée du Tribunal, vota :

☐ Pour l'Empire ☐ Contre l'Empire

2. En 1814 il fut chargé de défendre :

☐ Anvers ☐ Amiens

3. Lorsque les Bourbons furent ramenés de l'étranger, Carnot dut s'exiler et mourut à :

☐ Budapest ☐ Magdebourg

LA MORALE DE L'HISTOIRE

Grâce à Lazare Carnot, la Convention avait donné ses frontières naturelles à la France, les Alpes et le Rhin.

LA DATE À RETENIR

Mai 1795 : Les armées françaises sont victorieuses. Traités de Bâle avec la Prusse, de La Haye avec la Hollande.

taille de Wattignies — 1793
Directoire — 1795
Membre de l'Académie des sciences — 1796
Ministre de la Guerre, Consulat — 1800
Premier Empire — 1804
1805
1810
Restauration — 1814
Ministre de l'Intérieur — 1815
Décès de Carnot — 1823
Monarchie de Juillet — 1830

PETITE RÉCRÉATION HISTORIQUE

EXERCICE 15

Attribuez à chaque personnage l'action qui fit de lui un héros.

A. Turgot B. La Fayette C. Mirabeau D. Danton E. Carnot

1. Armer un bateau : ....
2. Exhorter à l'audace : ....
3. Porter la voix du peuple : ....
4. Réformer la monarchie : ....
5. Réorganiser les armées : ....

EXERCICE 16

Attribuez à chaque héros le sort qui lui fut réservé.

A. Turgot B. La Fayette C. Mirabeau D. Danton E. Carnot

1. Décédé en France après un retour d'exil :
....
2. Disgrâce : ....
3. Guillotiné : ....
4. Victime d'une maladie : ....
5. Mort en exil : ....

EXERCICE 17

Identifiez celui qui voulut tenir tête à chacun de ces héros.

A. Turgot B. La Fayette C. Mirabeau D. Danton

1. Le marquis Dreux-Brézé : ....
2. Lord Cornwallis : ....
3. Louis XVI : ....
4. Robespierre : ....

EXERCICE 18

Classez par ordre chronologique les cinq événements suivants :

L'exécution de Danton - La Fayette nommé commandant de la Garde nationale - la levée en masse - la proclamation de la République - le serment du Jeu de paume.

....
....
....
....
....

EXERCICE 19

Quel est le nom du bateau que La Fayette arme pour aller faire la guerre en Amérique ? Cochez la bonne réponse.

☐ A. La Victoire
☐ B. L'Irréductible
☐ C. La Liberté

EXERCICE 20

Trouvez les sept mots manquants à ce résumé d'histoire de France.

Notre chant national a été composé à .... , pendant la Révolution, par un jeune officier nommé .... Un bataillon de soldats venant de .... le chante pour la première fois à Paris, c'est pourquoi on l'appelle ....
Il est si .... qu'il devient le chant de la Révolution, puis celui de la .... entière. Quand on la chante, nous devons l'écouter .... et tête nue.

LE XIXe SIÈCLE

Au XIXe siècle, de 1804 à 1870, bien des formes de gouvernements ont été essayées en France : monarchies militaire, nobiliaire, bourgeoise, empire démocratique. Ces différents régimes ont tous été successivement renversés par le peuple français, qui a fait de nombreuses révolutions.

Que leur reproche-t-on ? Leur origine, leur désir de maintenir de nombreux privilèges en faveur des classes dirigeantes, l'absence de liberté.

Seule la République, établie en France depuis 1870, possède l'affection populaire, car elle s'appuie sur le suffrage universel, qui permet à tous les Français de s'intéresser aux affaires publiques.

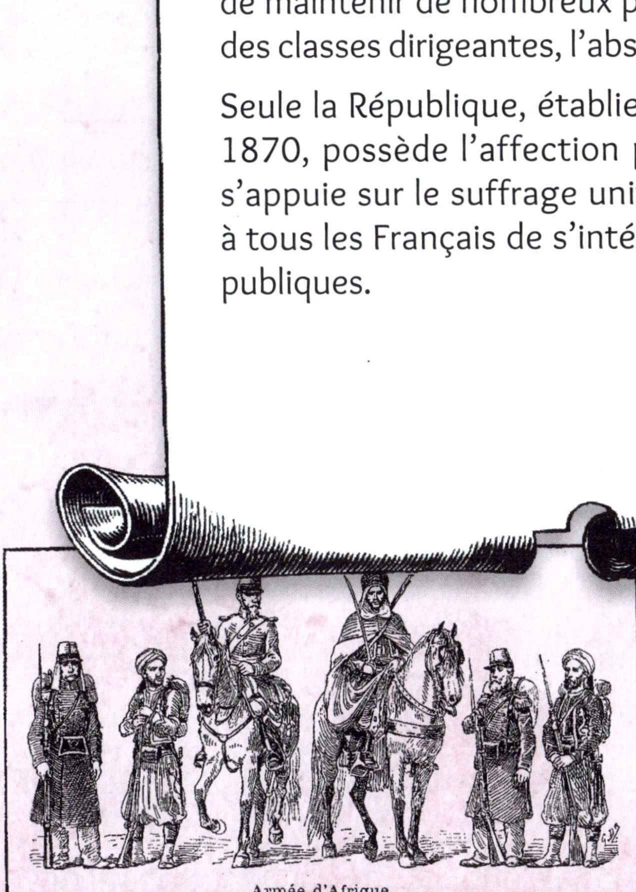

Armée d'Afrique.

NAPOLÉON

L'AIGLE DEVENU EMPEREUR

Napoléon Bonaparte naquit à Ajaccio, en 1769. Il fut élevé aux écoles militaires de Brienne et de Paris et, à seize ans, il était lieutenant d'artillerie. Il avait une ambition sans limite et une imagination toujours en mouvement. Un de ses maîtres l'avait noté ainsi : « Ira loin, si les circonstances le favorisent ».

LE SAVIEZ-VOUS ?

Sans le traité de Versailles de 1768 le cours de l'Histoire de France aurait été bien différent. Pourquoi ?

L'ÉTOFFE D'UN HÉROS

À vingt-sept ans, Bonaparte reçut le commandement de l'armée d'Italie. Il trouva les troupes dénuées de tout, sans pain, sans souliers. « Soldats, leur dit-il, je vais vous conduire dans le pays le plus riche du monde ; vous y trouverez honneurs, gloire et richesse. Soldats d'Italie, manqueriez-vous de courage ? »

Au cours de cette campagne, sur le pont d'Arcole, Bonaparte s'élança seul, un drapeau à la main, pour entraîner ses troupes. Il tomba dans la mêlée, mais ses soldats, électrisés par son exemple, le sauvèrent. La bataille fut gagnée.

RAISON D'ÉTAT

En l'absence de Bonaparte, menant la campagne d'Égypte, le Directoire avait provoqué par sa maladresse une deuxième coalition contre la France : l'Autriche, aidée cette fois de la Russie, avait recommencé la guerre et repris l'Italie du Nord. À cette nouvelle, Bonaparte revint en France où il fut reçu comme un sauveur. Il renversa le Directoire par le coup d'État du 18 brumaire (9 novembre 1799), forma un nouveau gouvernement, le Consulat, et prit lui-même le pouvoir, sous le nom de « Premier consul ». Le Consulat marquait la fin de la Révolution. Elle avait duré dix ans.

C'ÉTAIT QUAND ?

1769 – Naissance de Napoléon
1774 – Règne de Louis XVI
1780
1785
1789 – Prise de la Bastille
1790
1793 – La Terreur
1795 – Le Directo

POLITIQUE FAMILIALE

La maison Bonaparte a régné sur plusieurs pays européens au cours du Premier Empire, dans le cadre de la politique familiale de Napoléon.

Reliez pour chaque personnage le ou les territoires où il a régné.

Naples ●	● Joseph Bonaparte
Espagne ●	● Louis Bonaparte
Hollande ●	● Élisa Bonaparte
Toscane ●	● Jérôme Bonaparte
Westphalie ●	● Caroline Bonaparte

ILLUSTRES DÉFAITES

Napoléon Ier offrit à la France de grandes victoires, à Austerlitz, à Iéna, à Eylau, à Wagram. Mais l'Empereur attaqua les Russes en 1812 et sa « Grande Armée » périt dans les glaces. Tous les ennemis de Napoléon tombèrent sur le vaincu et l'étranger envahit la France.

Napoléon fut exilé à l'île d'Elbe (1814). Puis il rentra en France, où il régna encore cent jours. Mais tous les rois reprirent les armes contre lui et il fut battu à Waterloo, en 1815. Les Anglais exilèrent Napoléon à Sainte-Hélène (octobre 1815), où il mourut le 21 mai 1821.

GRAND ADMINISTRATEUR

Napoléon administra fort habilement. Alors qu'il était Premier consul, il avait fait commencer la rédaction du Code civil. Sacré Empereur en 1804, il fit continuer ce travail législatif. Il créa en outre l'Université, en organisant l'enseignement dispensé dans les lycées et les facultés. Les professeurs devaient alors enseigner « la fidélité à l'Empereur et à la monarchie impériale ».

NAPOLÉON A LA FIN DE LA BATAILLE DE WATERLOO.

LA DATE À RETENIR

18 Brumaire An VIII : Coup d'État de Napoléon qui marque le début du Consulat.

- 1796 : Campagne d'Italie
- 1798 : Campagne d'Égypte
- 1800 : Consulat
- 1804 : Premier Empire ; Publication du Code civil
- 1810
- 1811 : Naissance du roi de Rome
- 1814 : Restauration
- 1815 : Défaite de Waterloo
- 1821 : Décès de Napoléon

BUGEAUD

VAINQUEUR D'ABD EL-KADER

Pour conquérir l'Algérie, Louis-Philippe plaça à la tête de l'armée un vieux soldat, le général Bugeaud qui, caporal à Austerlitz, avait gagné ses grades sur les champs de bataille. Quand il arriva en Algérie, Bugeaud bouleversa les habitudes. Il changea le costume militaire pour qu'il soit moins chaud. Il supprima le sac à dos trop lourd. Tous les soldats, zouaves, spahis ou chasseurs d'Afrique l'appelaient « le père Bugeaud ». Ils le voyaient souvent marcher à leur tête malgré ses soixante ans.

HONNEUR AU VAINCU

En 1843, le duc d'Aumale, fils de Louis-Philippe, par un coup de main hardi, enleva la smala, le camp d'Abd el-Kader. Celui-ci se retira alors auprès de l'empereur du Maroc qu'il entraîna à une guerre contre la France. Mais Bugeaud remporta sur les Marocains la brillante victoire de l'Isly (1844). Quelques années après, Abd el-Kader, cerné de tous côtés, fut obligé de se rendre. La France le traita avec générosité et, après une courte captivité, lui permit de se retirer en Syrie où il vécut paisiblement pendant de longues années.

L'ÉTOFFE D'UN HÉROS

Bugeaud, nommé gouverneur général de l'Algérie en 1841, fut le digne adversaire d'Abd el-Kader.
Son entrain et sa bravoure lui valurent une grande popularité dans l'armée.

LA MORALE DE L'HISTOIRE

Avant même la fin de la conquête, Bugeaud fit cultiver les plaines et construire des routes.

C'ÉTAIT QUAND ?

1780 – 1784 – 1785 – 1789 – 1790 – 1795 – 1800 – 1804 – 1810 – 1814

1784 : Naissance de Bugeaud

OÙ ET QUAND ?

Placez ces grandes périodes sur la frise chronologique

1. Révolution
2. Consulat
3. Premier Empire
4. Restauration
5. Monarchie de Juillet
6. IIe République

MYTHE OU RÉALITÉ ?

Une nuit, surpris par une attaque, le maréchal Bugeaud courut aux avant-postes sans même ôter le bonnet de coton qu'il mettait pour dormir. Après le combat, il demanda sa casquette – son képi –, et les soldats chantèrent : « As-tu vu la casquette, la casquette, as-tu vu la casquette au père Bugeaud ? »

ILLUSTRE DÉFAITE

En septembre 1845, quatre cents soldats français furent entourés par une armée de cavaliers arabes. Beaucoup furent tués. Il ne resta bientôt que quatre-vingts hommes qui se réfugièrent dans une petite église arabe qu'on appelle un « marabout ». Là, ils refusèrent de se rendre et continuèrent à se battre. Au bout de trois jours et trois nuits, ils n'avaient plus de cartouches. Ils sortirent du marabout en rampant : seize seulement parvinrent à se sauver. Cet acte d'héroïsme est rappelé par un air de marche portant le nom du lieu de bataille.

Quel était ce lieu ? Retrouvez-le en mettant les lettres dans l'ordre.

S B A H   I D I M R I

PAROLE HISTORIQUE

« Par l'épée et par la charrue »

Devise du maréchal Bugeaud.

LA DATE À RETENIR

1844 : Victoire de l'Isly. Bugeaud, à la tête de 10 000 hommes, met en déroute une armée de 40 000 Marocains. Quel est le titre donné à Bugeaud suite à cette victoire ?

....

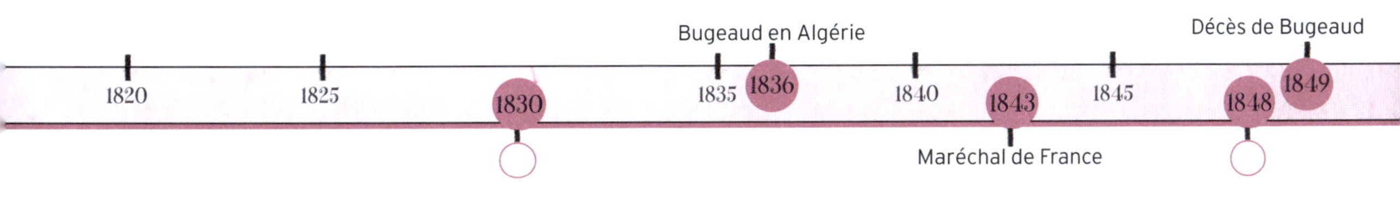

GAMBETTA

FERVENT DÉFENSEUR DE LA RÉPUBLIQUE

Gambetta est né à Cahors. Son père qui était italien avait épousé une jeune fille française et s'était établi épicier dans cette ville. Gambetta fit des études de droit et s'installa à Paris. Il était borgne, de taille moyenne, assez fort, portait la barbe. C'était alors un jeune avocat de trente ans, célèbre et populaire déjà sous l'Empire pour avoir critiqué Napoléon III et ses ministres qu'il appela un jour « Un tas d'hommes perdus de dettes et de crimes. » C'était un admirable orateur qui enthousiasmait la foule par sa voix sonore, ses gestes énergiques et la beauté de sa parole. Il parcourut la France où, par son éloquence, il gagna à la République des milliers de Français : bourgeois, ouvriers et paysans.

L'ÉTOFFE D'UN HÉROS

1. Le 7 octobre 1870, Léon Gambetta s'échappa de Paris à travers les fusillades allemandes :

☐ en ballon ☐ en calèche

2. Il organisa la guerre avec l'ingénieur de Freycinet depuis :

☐ Tours ☐ Lyon

3. En quatre mois, six cent mille hommes, mille quatre cents canons étaient prêts. Certes, ce n'étaient pas des soldats très entraînés, mais ils se battirent avec courage.

☐ La France entière se battit.

☐ Seul Paris se battit.

4. Jusqu'à ce que, Paris, affamé, capitule :

☐ le 26 janvier 1871 ☐ le 26 février 1871

ACTE DE RÉSISTANCE

Le 4 septembre 1870, à la nouvelle de la capitulation de Sedan, l'Empire fut déclaré déchu et la République proclamée. Présidé par le général Trochu, un gouvernement provisoire – proclamé « gouvernement de la Défense nationale » – s'installa à l'Hôtel de Ville. L'âme de ce gouvernement était Gambetta. Député au Corps législatif, il avait fait une vigoureuse opposition à l'Empire. Patriote ardent, il consacra toutes ses forces à la défense de la France vaincue et envahie.

C'ÉTAIT QUAND ?

- 1830 : Monarchie de Juillet
- 1835
- 1838 : Naissance de Gambetta
- 1840
- 1845
- 1848 : IIe République
- 1850
- 1852 : Second Empire

Gambetta quitte Paris en ballon.

MULTIPLES ACTIVITÉS

Cochez les différents métiers qu'a exercés Léon Gambetta.

- ☐ Président de la Chambre des députés
- ☐ Militaire ☐ Ministre ☐ Avocat
- ☐ Notaire ☐ Journaliste ☐ Médecin

LA MORALE DE L'HISTOIRE

Il n'a jamais eu d'autres pensées que la grandeur de la France et de la République.

LA DATE À RETENIR

7 octobre 1870 : Léon Gambetta s'échappe de Paris

ILLUSTRE DÉFAITE

Des villes ouvertes résistaient aux Prussiens. Qui étaient les défenseurs de Châteaudun (octobre 1870) ? Des francs-tireurs, des pompiers de village, mille deux cents braves contre douze mille Allemands ! À l'appel de l'infatigable Gambetta, les armées de secours marchèrent à la délivrance de Paris. « L'espoir renaît ; le combat change d'âme ! » L'heure du triomphe décisif allait peut-être sonner ! Mais, la trahison arrêta ce magnifique élan. Bazaine livra aux Prussiens treize mille hommes et Metz, la cité réputée invincible (27 octobre 1870). Deux cent cinquante mille Allemands étaient libres : ils accoururent auprès des masses allemandes et refoulèrent les Français ! Léon Gambetta mourut prématurément en décembre 1882, des suites d'une ancienne blessure. La nation entière fut en deuil.

PAROLE HISTORIQUE

« Ah ! Cette France vaincue et meurtrie, je l'aime comme on aime une mère ! »

1860 — 1865 — 1870 — 1875

1870 : IIIe République

1871 : Commune de Paris

1882 : Décès de Gambetta

JULES FERRY

LE PÈRE DE L'ÉCOLE GRATUITE ET OBLIGATOIRE

Jules Ferry naquit en Lorraine. Ce Vosgien de grande taille avait de quoi intimider, avec son vaste front bombé, ses longs favoris, son regard pénétrant, son air froid et réfléchi. Son visage était grave, même un peu sévère. Il souriait rarement.

Après la guerre de 1870, Jules Ferry fut, avec Gambetta, l'un des meilleurs défenseurs de la République. Par la suite, il devint, à plusieurs reprises, entre 1879 et 1885, ministre et chef du gouvernement. Jules Ferry, réorganisa l'enseignement primaire. En 1882, il le rendit laïque, gratuit et obligatoire. Jules Ferry donnait donc le moyen aux petits Français, électeurs futurs, de connaître leurs devoirs et aussi leurs droits.

LE SAVIEZ-VOUS ?

1. Quel est le premier métier de Jules Ferry ?

☐ A. Avocat ☐ B. Notaire ☐ C. Juge

2. Quelle responsabilité politique occupe-t-il en 1870 ?

☐ A. Maire de Paris ☐ B. Ministre
☐ C. Sénateur

3. À quelle tendance appartenait Jules Ferry ?

☐ A. La Gauche ☐ B. Le Centre

☐ C. La Droite

4. Jules Ferry a instauré l'école gratuite puis obligatoire en 1882, mais jusqu'à quel âge ?

☐ A. 10 ans ☐ B. 13 ans ☐ C. 16 ans

REVERS DE LA MÉDAILLE

Le ministre Jules Ferry a lancé la France dans les conquêtes coloniales. Ses adversaires lui ont souvent reproché les énormes dépenses et les pertes d'hommes que ces entreprises ont nécessitées.

PAROLE HISTORIQUE

« Je désire reposer en face de cette ligne bleue des Vosges d'où monte jusqu'à mon cœur fidèle la plainte des vaincus. » Testament de Jules Ferry.

C'ÉTAIT QUAND ?

1830 – Monarchie de Juillet
1832 – Naissance de Jules Ferry
1835
1840
1845
1848 – IIe République
1850
1852 – Second Empire
1855

LA MORALE DE L'HISTOIRE

Ce Vosgien, patriote froid et clairvoyant, a donné à son pays deux grandes forces : l'instruction et des colonies.

DESTIN FUNESTE

Jules Ferry eut beaucoup d'ennemis. Il faillit même être assassiné en décembre 1887, et il mourut quelques années plus tard des suites de sa blessure (1893).

VRAI OU FAUX ?

1. Jules Ferry était franc-maçon.

☐ Vrai ☐ Faux

2. Jules Ferry a dit : « L'égalité c'est la loi même du progrès humain. »

☐ Vrai ☐ Faux

3. Jules Ferry fut Président du Sénat de 1888 à sa mort.

☐ Vrai ☐ Faux

HOMMAGE NATIONAL

On a donné le nom de Jules Ferry à beaucoup d'écoles neuves pour témoigner notre reconnaissance envers ce grand Français.

LA DATE À RETENIR

28 mars 1882 :

Loi scolaire sur l'instruction obligatoire et laïque.

AVIS AUTORISÉ

« Vous êtes le meilleur du monde, mais cela ne se voit pas. Vous faites penser à un rosier sur lequel ne poussent que des épines. »

Gambetta, s'adressant à Jules Ferry

- 1865
- 1870 : IIIe République
- 1871 : Paris capitule : armistice de Versailles
- 1875
- 1880 : Extension aux jeunes filles du bénéfice de l'enseignement secondaire d'État
- 1885
- 1893 : Décès de Jules Ferry

LYAUTEY

LE COLON BIEN-AIMÉ

Quand il était jeune, Hubert Lyautey souhaitait entrer à l'école de Saint-Cyr pour devenir officier. Mais quand il était bébé, un terrible accident faillit compromettre son ambition. Il était dans les bras de sa nourrice lorsque celle-ci entendit des soldats défiler dans la rue. Penchée sur un balcon pour les voir, elle fit un mouvement si brusque qu'elle lâcha le bébé. Le jeune Hubert aurait été tué s'il n'était tombé sur un soldat. Seulement blessé, il eut le corps légèrement déformé et dut longtemps porter un corset de fer. Après une complète guérison, il devint officier de cavalerie. Il veillait toujours à ce que ses soldats fussent bien nourris et bien couchés. Il voulait aussi qu'ils eussent des jeux pour se distraire et des livres pour s'instruire.

MISSIONS ÉTRANGÈRES ET DISTINCTIONS

Complétez les phrases avec les dates qui conviennent :

1894 - 1897 - 1897 - 1902 - 1912 - 1921.

1. Il est brillamment élu, avec 27 voix, à l'Académie française en ....
2. Il sert en Indochine de .... à ....
3. Il est élevé à la dignité de maréchal de France en.............. .
4. Il rejoint ensuite à Madagascar où il est affecté de .... à ....

RAISON D'ÉTAT

Les mêmes raisons qui ont poussé la France en Tunisie ont motivé l'expédition du Maroc. De ce côté aussi, il fallait protéger la frontière occidentale de l'Algérie contre les intrusions marocaines et empêcher qu'une puissance européenne n'occupât ce pays. À la suite d'un accord conclu entre les puissances au congrès d'Algésiras, en 1906, la France et l'Espagne prirent possession de certains ports du Maroc. En 1907, les Français bombardèrent Casablanca et, après de nombreux combats autour de cette ville, occupèrent une partie du pays.

C'ÉTAIT QUAND ?

- 1852 : Second Empire
- 1854 : Naissance de Lyautey
- 1860
- 1870 : IIIe République
- 1871 : Thiers, président de la République
- 1880
- 1890

LA MORALE DE L'HISTOIRE

La conquête et l'organisation du Maroc, véritable colonie modèle, furent l'œuvre du maréchal Lyautey.

ARTISAN DE PAIX

Le général Lyautey avait été officier de cavalerie au Tonkin, puis dans une autre colonie française, l'île de Madagascar, quand il fut chargé, en 1912, d'établir la paix au Maroc. Le sultan était protégé par la France, mais ses sujets ne lui obéissaient guère et des tribus pillaient souvent les villages. Lyautey entreprit de mettre fin au désordre et d'inspirer confiance aux habitants. Quand les soldats français occupaient un village marocain, on installait, suivant les ordres de Lyautey, une infirmerie pour soigner les malades et on protégeait les travailleurs contre les pillards. Dans le Maroc ainsi pacifié, Lyautey a fait tracer des routes et des voies ferrées, construire des villes nouvelles, creuser des ports.

HONNEUR AU VAINCU

Lorsque Lyautey mourut, les Marocains demandèrent comme un honneur qu'il soit enterré dans leur pays.

1. Un an après sa mort un mausolée est construit à :

☐ Casablanca ☐ Rabat ☐ Fès

2. Depuis 1961, sur ordre du Général de Gaulle, la dépouille de Lyautey a été déplacée :

☐ en Lorraine ☐ aux Invalides

☐ en Franche-Comté

3. Un des plus grands lycées français à l'étranger porte son nom à Casablanca.

☐ Vrai ☐ Faux

PAROLE HISTORIQUE

« Partout où je suis passé, j'ai fait pousser des villes ! »

LA DATE À RETENIR

1912 : Reconnaissance du protectorat de la France sur le Maroc, sauf sur la région du Rif, bordant la Méditerranée, sous protectorat espagnol.

1910 — 1914 – 1918 : 1ère Guerre mondiale — 1921 : Maréchal de France — 1930 — 1934 : Décès de Lyautey — 1939 – 1945 : 2e Guerre mondiale — 1950

PETITE RÉCRÉATION HISTORIQUE

EXERCICE 21

Classez par ordre chronologique les cinq événements suivants.

☐ La capitulation de Sedan

☐ La loi proclamant laïque et gratuit l'enseignement primaire

☐ La mort de Napoléon

☐ La nomination de Bugeaud gouverneur général de l'Algérie

☐ La reconnaissance du protectorat français sur le Maroc

EXERCICE 22

Associez le nom d'un personnage à une des villes suivantes.

Attention : plusieurs sites peuvent être associés à un même héros.

A. Napoléon ●	● 1. Casablanca
B. Bugeaud ●	● 2. Saint-Dié
C. Gambetta ●	● 3. Sidi Brahim
D. Jules Ferry ●	● 4. Toulon
E. Lyautey ●	● 5. Tours

EXERCICE 23

Classez par ordre chronologique les cinq batailles suivantes :

☐ Austerlitz ☐ Casablanca

☐ Châteaudun ☐ Isly ☐ Sidi

EXERCICE 24

Parmi ces cinq héros, deux partagent le souvenir du Tonkin. Lesquels ? Entourez-les.

A. Napoléon B. Bugeaud C. Gambetta

D. Jules Ferry E. Lyautey

EXERCICE 25

Combien d'années se sont écoulées...

A. entre la campagne de Russie et la défaite d'Austerlitz : ....

B. entre l'instauration du Consulat et la proclamation de l'Empire : ....

C. entre la proclamation de l'Empire et la victoire d'Austerlitz : ....

D. entre la capitulation de Sedan et la capitulation de Paris : ....

E. entre la loi scolaire sur l'enseignement laïque et la reconnaissance du protectorat français sur le Maroc : ....

EXERCICE 26

Trouvez les neuf mots manquants à ce résumé d'histoire de France.

Napoléon Ier, sacré .... en 1804, a battu les Autrichiens, les Prussiens, les Russes, mais n'a jamais pu vaincre les .... Les Français ont conquis l'Algérie. Le maréchal .... a vaincu le chef arabe .... En 1870, la France a été vaincue par ...., malgré les efforts de .... qui quitta en .... Paris assiégé. La France a alors perdu .... et une partie de la ....

LE XXe SIÈCLE

Au début du xxe siècle, la France est respectée dans le monde entier. Ses grands penseurs, ses savants, ses écrivains, ses artistes, ses hommes d'action, ainsi que sa langue, furent de mieux en mieux connus et de plus en plus appréciés. Cette influence rayonnante, elle la dut aussi à tous les grands chefs rencontrés au cours de son histoire, et à tant de héros connus et inconnus qui surent sauvegarder et maintenir haut l'honneur et le prestige de la France.

CLEMENCEAU

LE PÈRE LAVICTOIRE

Clemenceau devint chef du gouvernement en 1917. Il était alors âgé de soixante-seize ans.

Vendéen, tenace, énergique, avec une santé de fer, travailleur, il fut aussi un ardent patriote. Quand on lui demandait ce qu'il allait faire, il répondait invariablement : « Je fais la guerre. Je fais toujours la guerre. Je continuerai jusqu'au dernier quart d'heure, car c'est nous qui aurons le dernier quart d'heure. » Il redonna confiance à tous. Son énergie farouche et sa bravoure furent rares. Son grand plaisir était d'aller voir les soldats dans les tranchées, de leur apporter des cigarettes et de bavarder avec eux.

LA TÉNACITÉ DU TIGRE

Cochez la bonne réponse.

1. Clemenceau alla protester en 1871 à l'Assemblée nationale de Bordeaux, contre l'arrachement de l'Alsace et de la Lorraine à la France.

☐ Vrai ☐ Faux

2. Le 28 mai 1918, le front Français cédait sous l'assaut allemand à Château Thierry.

☐ Vrai ☐ Faux

3. Clemenceau fut celui qui par sa ténacité sut redonner courage à la France.

☐ Vrai ☐ Faux

SURSAUT NATIONAL

Croyant gagner la guerre rapidement, les Allemands essayèrent plusieurs fois de percer le front. En 1916, pendant cinq mois, ils donnèrent un assaut terrible à Verdun ; mais les « poilus » résistèrent avec un courage farouche et les Allemands ne passèrent pas.

PAROLE DE HÉRO

« Vous voulez la paix ? Moi auss
Il serait criminel d'avoir une autre pensée
Mais ce n'est pas en bêlant la paix qu'on fai
taire le militarisme prussien. »

C'ÉTAIT QUAND ?

1830 – Monarchie de Juillet
1841 – Naissance de Clemenceau
1848 – IIe République
1850
1852 – Second Empire
1860
1870 – IIIe République

LA MORALE DE L'HISTOIRE

Prompt dans ses conceptions, tenace dans leur exécution, cet énergique vieillard a prouvé qu'une âme forte et généreuse est toujours maîtresse du corps qu'elle anime.

JOUR DE GLOIRE

Le 11 novembre 1918, les cloches de toutes les villes et de tous les villages français annoncèrent l'armistice. Clemenceau, qu'on appelait « le père la Victoire », fut porté en triomphe. Le monde entier était délivré d'un horrible cauchemar.

HOMME DE PRESSE

Découvrez de quel texte très célèbre Clemenceau a trouvé le titre.

A C U J C E U S'

QUI A DIT ?

« Dans la mesure où un simple mortel peut incarner un grand pays, Clemenceau a été la France. »

☐ A. Churchill

☐ B. Roosevelt

☐ C. De Gaulle

LA DATE À RETENIR

16 novembre 1917 : Le président Poincaré nomme Georges Clemenceau président du Conseil.

1890 – 1900 – 1906 Président du Conseil – 1909 – 1910 – 1914 1ère Guerre mondiale – 1917 Président du Conseil – 1920 – 1929 Décès de Clemenceau

FOCH

HÉROS DE LA GRANDE GUERRE

Face au général allemand Hindenburg, les alliés dressèrent le général Foch, un militaire agile, réfléchi, lumineux et obstiné. Foch, ancien directeur de l'École de guerre, avait fait ses preuves sur le terrain depuis 1914. Il avait été le lieutenant du général de Castelnau au Grand-Couronné. Il avait vaincu le Kronzprinz allemand dans le marais de Saint-Gond. Il avait aidé les Anglais à barrer la route de l'Yser. Enfin, il avait représenté la France au Conseil de guerre interallié et s'y était fait apprécier des étrangers. Pour lui, la guerre était un art délicat, où la science, la lucidité du bon sens et les forces morales ont un rôle capital à jouer. Il donnait l'exemple des vertus qu'il prêchait. Des grands chefs s'effacèrent devant lui, et c'est l'unanimité des Français et des alliés qui l'investirent du commandement suprême.

ORDRE DE BATAILLES

Classez chronologiquement les batailles suivantes de la Première Guerre mondiale en donnant l'année.

- ☐ Bataille de Cambrai : ....
- ☐ Bataille de Verdun : ....
- ☐ Bataille de la Marne : ....
- ☐ Bataille du Chemin des Dames : ....

PAROLE HISTORIQUE

« Ce n'est pas une paix, c'est un armistice de vingt ans. »
Foch, 1920

VICTOIRE CRUCIALE

Foch était prêt à attaquer quand Ludendorff entreprit une nouvelle grande attaque le 15 juillet 1918 sur la Marne et en Champagne. Les Allemands avancèrent très peu. Tout d'un coup, le 18 juillet au matin, ils entendirent derrière eux une formidable canonnade : c'étaient les Français qui les attaquaient dans le dos. Comme en 1914, pour ne pas être cernée, l'armée allemande dut repasser la Marne et battre en retraite. Mais cette fois, la France et ses alliés étaient assez forts pour ne pas lâcher prise.

C'ÉTAIT QUAND ?

- 1830 : Monarchie de Juillet
- 1840
- 1848 : IIe République
- 1851 : Naissance de Foch
- 1852 : Second Empire
- 1860
- 1870 : IIIe République

LE SAVIEZ-VOUS ?

1. Le 6 septembre 1914, quel général français sauva Paris en dirigeant la bataille de la Marne ?

☐ A. Pétain ☐ B. Joffre ☐ C. Foch

2. Quel fort fut au centre de la bataille de Verdun, à partir de février 1916 ?

☐ A. Le Fort de Douaumont

☐ B. Le Fort Vauban

☐ C. Le Fort Saint-Jean

3. Quelle terrible bataille va commencer en juillet 1916, qui fera plus de 600 000 victimes dans les deux camps ?

☐ A. La bataille de la Marne

☐ B. La bataille du Rhin

☐ C. La bataille de la Somme

4. Quel est le nom de l'offensive française qui, en avril 1917, par ses énormes pertes, provoquera des mutineries ?

☐ A. L'offensive Pétain

☐ B. L'offensive Nivelle

☐ C. L'offensive Foch

JOUR DE GLOIRE

Foch signa avec l'ennemi, le 11 novembre 1918, l'armistice par lequel les Allemands se reconnaissaient vaincus. C'est en forêt de Compiègne, dans le wagon qui servait à Foch de poste de commandement, que les Allemands apposèrent leur signature au bas de l'acte qui consacrait leur défaite et la victoire de la France. Les armées françaises entrèrent alors dans Metz et dans Strasbourg, au milieu des vivats et des pleurs de joie des populations libérées.

L'ÉTOFFE D'UN HÉROS

Partout, par de larges brèches ouvertes vers Paris, vers Amiens et Dunkerque, l'ennemi déversa des masses d'hommes sans cesse renouvelées. Foch jeta dans la fournaise les régiments, les divisions françaises et anglaises « qui fondaient comme la cire ». À force d'énergie, il arriva à arrêter les vagues allemandes qui, à bout d'impulsion, finirent « par expirer sur la grève ».

La fête de la Victoire, le 14 juillet 1919. En tête, Joffre et Foch.

LA DATE À RETENIR

11 novembre 1918 :

À Compiègne, les Allemands signent l'armistice.

1890 — 1900 — 1910 — 1914 : 1ère Guerre mondiale — 1918 : Bataille de la Marne — 1919 : Maréchal de France — 1920 — 1929 : Décès de Foch

LECLERC

MARÉCHAL DE LA FRANCE LIBRE

Dès sa sortie de l'école militaire de Saint-Cyr, Leclerc fut attiré par le Maroc. L'affectation qu'il espérait lui sourit au bout d'un an : au rang du 8e Spahis Algériens, il participa à la guerre du Rif. En 1929, en menant un raid, il fut blessé. Deux ans plus tard, dans ses nouvelles fonctions d'instructeur à Saint-Cyr, il se brisa une jambe : il ne quittera plus la canne qui l'aida à marcher. Il fut promu capitaine en 1934 puis décoré de la Légion d'honneur. Blessé puis prisonnier le 15 juin 1940, à l'issue d'une contre-offensive en Champagne, il réussit à s'évader deux jours plus tard, traversa en bicyclette la France occupée, mit à l'abri sa famille à Libourne, et atteignit seul le Portugal où il prit un bateau pour gagner Londres. Le 25 juillet, il était reçu par le général de Gaulle. L'épopée Leclerc peut alors commencer…

ÉPOPÉE MILITAIRE

De 1939 à 1945, sont apparues les divisions blindées. Elles étaient composées de lourds chars. D'autres camions transportaient les fantassins jusqu'à l'endroit même où ils devaient combattre.

1. Les chars de la division du général Leclerc ont traversé :

☐ Le Rhin ☐ Le Rhône ☐ La Loire

2. Cette division était venue en combattant depuis :

☐ Le centre de l'Afrique ☐ Le Moyen-Orient

3. C'est elle qui libéra :

☐ Paris ☐ Lyon ☐ Strasbourg

Les soldats de ce corps d'élite devaient aller jusqu'au Danube et aux frontières de l'Autriche. Ils portent sur leur blouson d'uniforme, ces mots qui rappellent leur gloire : Rhin, Danube.

JOUR DE GLOIRE

Paris a beaucoup souffert de l'occupation allemande. Aussi, le 24 août 1944, quand les Parisiens apprirent que les chars français de la division Leclerc approchaient de la capitale, des barricades s'élevèrent partout. Des jeunes gens, des ouvriers, presque sans armes, attaquèrent les tanks et les camions ennemis. Enfin, on entendit tonner le canon. Le tocsin sonna joyeusement le soir. Les chars du général Leclerc arrivaient sur la place de l'Hôtel de Ville. Les Parisiens, fous de joie, acclamèrent leurs libérateurs en criant : « Vive la France ! »

C'ÉTAIT QUAND ?

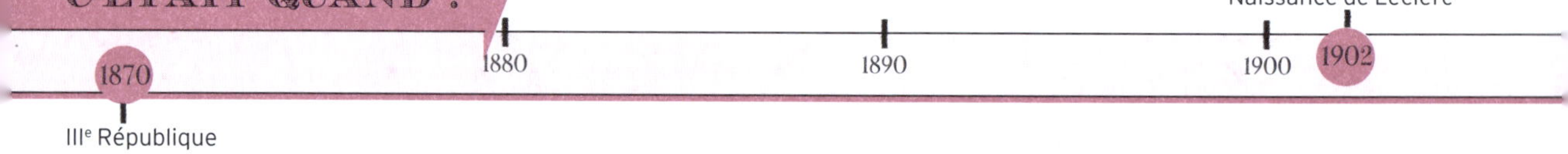

PAROLE HISTORIQUE

« Paris, depuis le 25 août 1944, cela signifie pour nous la France se redressant et jurant de retrouver sa grandeur, quelles que soient les difficultés. »

QUI A DIT ?

« Enfants de France, rêvez d'être un jour des Leclerc, apprenez ce que vaut une libre volonté française. »

- ☐ Vincent Auriol
- ☐ Général de Gaulle
- ☐ Général Massu

OÙ ET QUAND ?

Placez sur la frise les événements suivants :

1. Bataille de Normandie
2. Serment de Koufra
3. Marche sur Paris

LA DATE À RETENIR

28 février 1941 : Serment de Koufra. Ayant conquis, de haute lutte, l'oasis de Koufra (Libye), avec seulement un canon et trois cents hommes, Leclerc fait le serment, avec ses soldats, de ne pas déposer les armes avant de hisser le drapeau français sur la cathédrale de Strasbourg.

2e Guerre mondiale — IVe République

1914 — 1918 — 1920 — 1930 — 1939 — 1940 — 1941 — 1944 — 1945 — 1946 — 1950

1ère Guerre mondiale

DE GAULLE

DE LA RÉSISTANCE À LA VICTOIRE

Issu d'une famille catholique, dreyfusarde et républicaine, Charles de Gaulle choisit la carrière militaire. Dès sa sortie de Saint-Cyr, selon son souhait, il fut affecté au 4e régiment d'infanterie d'Arras, placé sous le commandement du colonel Pétain. La solide expérience de terrain qu'il acquit tour à tour lors de la Grande Guerre, en Pologne comme formateur militaire, et à l'état-major du maréchal Pétain, lui permit d'affiner ses théories militaires, en rupture de ban avec l'académisme d'alors. Partisan de l'armée de métier, d'une stratégie offensive, de la « percée motorisée » qu'autorisait le recours aux blindés, il prôna les vertus d'une guerre de mouvement. Ce visionnaire incompris défia sa hiérarchie militaire, au lendemain d'un armistice sacrifiant l'honneur de l'armée à une paix résignée. Deux semaines après son célèbre appel du 18 juin 1940, il est condamné à mort par contumace pour trahison et désertion. Le 17 novembre, il se proclama « chef des Français libres ».

QUI A DIT ?

« De Gaulle nous a quittés, mais nous n'avons pas quitté de Gaulle. »

- ☐ Jacques Chirac
- ☐ Jacques Chaban-Delmas
- ☐ Valéry Giscard D'Estaing

AVIS AUTORISÉ

« Je crois qu'il savait, depuis l'enthousiasme de la Libération, qu'il était l'alibi de millions d'hommes. »

André Malraux

ACTE DE RÉSISTANCE

La France n'a jamais été absente de la lutte. De nombreux Français se sont enrôlés dans les armées alliées ou ont entrepris en France même, au péril de leur vie, l'organisation clandestine de la résistance à l'occupant. Des forces militaires de la « France Libre » se sont constituées en Angleterre et dans les territoires africains.

C'ÉTAIT QUAND ?

1870	1880	1890	1900	1910	1914	1918
IIIe République		Naissance de De Gaulle			1re Guerre mond	

OÙ ET QUAND ?

Retrouvez les grandes dates qui ont marqué la France avec le Général de Gaulle.

1. Il devient Chef des Français libres en ....
2. Il libère Paris le ....
3. Il est à la tête du gouvernement provisoire de .... à ....
4. Il crée la Vᵉ République en ....
5. Il est Président de la République de .... à ....

JOUR DE GLOIRE

Le général de Gaulle entre dans la capitale à la suite de la division Leclerc. Au milieu des Parisiens libérés, il harangue la foule et fait de ses deux bras écartés le V, symbole de la victoire. Quand il a fini de parler, des acclamations sans fin montent vers lui, témoignage de reconnaissance et d'admiration du peuple de Paris pour celui qu'on a appelé à juste titre « le premier résistant de France ».

LA DATE À RETENIR

18 juin 1940 : À Londres, sur les ondes de la BBC, le Général lance un appel à la résistance.

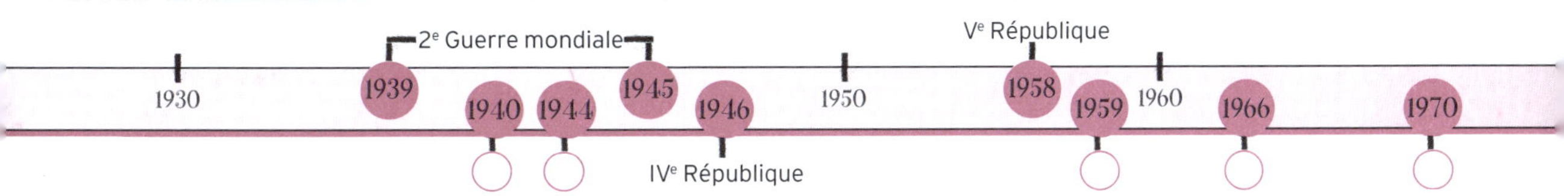

PETITE RÉCRÉATION HISTORIQUE

EXERCICE 27

Trouvez les cinq mots manquants de ce couplet méconnu de *La Marseillaise*.

Amour .... de la Patrie,
Conduis, soutiens nos bras .... !
Liberté, Liberté chérie,
Combats avec tes défenseurs ! (bis)
Sous nos drapeaux, que la ....
Accoure à tes .... accents !
Que tes ennemis expirants
Voient ton .... et notre gloire !

EXERCICE 28

Associez deux expressions à chacun de ces héros.

A. Clemenceau
B. Foch
C. Leclerc
D. De Gaulle

1. BBC
2. Dernier quart d'heure
3. Division blindée
4. France libre
5. Père la Victoire
6. Serment
7. Signature de l'Armistice
8. Wagon

EXERCICE 29

Associez le nom d'un personnage aux sites suivants.

Attention : plusieurs sites peuvent être associés à un même héros.

A. Clemenceau
B. Foch
C. Leclerc
D. De Gaulle

1. Bordeaux
2. Compiègne
3. Londres
4. Strasbourg

EXERCICE 30

Classez par ordre chronologique les cinq batailles suivantes.

- ☐ Bataille de Château-Thierry
- ☐ Bataille de Koufra
- ☐ Bataille de Verdun
- ☐ Débarquement des troupes alliées en Normandie
- ☐ Débâcle de l'armée française face à l'invasion allemande

EXERCICE 31

Classez par ordre chronologique les cinq événements suivants.

- ☐ L'Allemagne signe l'armistice
- ☐ L'inauguration de la Flamme du souvenir sous l'Arc de Triomphe
- ☐ Poincaré nomme Clemenceau président du Conseil
- ☐ Le protocole de désignation du Soldat inconnu
- ☐ La signature du traité de Versailles.

EXERCICE 32

Attribuez à chaque personnage l'action qui fit de lui un héros.

A. Clemenceau
B. Foch
C. Leclerc
D. De Gaulle

1. Attaquer les Allemands à revers
2. Incarner la résistance française
3. Prêter le serment de la victoire
4. Rendre visite aux soldats sur le front

RÉPONSES AUX EXERCICES

LOUIS XI

Le saviez-vous ?

1. Charles VII – 2. Les Valois.

Un roi ambigü

1. Faux. À 17 ans, il rejoint même la Praguerie, une révolte de nobles et il n'hésite pas à comploter contre son père. 2. Vrai. 3. Faux. C'est le jeune duc d'Alençon qui lui avait désobéi qu'il fit enfermer. 4. Faux. La cage était si étroite qu'après 3 mois de captivité, le prisonnier en sortit « une épaule et une cuisse perdue ». 5. Vrai.

BAYARD

L'étoffe d'un héros

1. A 2. C : 4 rois : Charles VIII, Louis XII, François Ier et Henri II. 3. C : Charles VIII : Première guerre d'Italie (1494-1497) - Louis XII : Deuxième à quatrième guerre d'Italie (1499-1513) - François Ier : Cinquième à neuvième guerre d'Italie (1515-1545) - Henri II : Dixième et onzième guerre d'Italie (1547-1559). 4. A. B. C.

Honneur au vaincu

1. A. 2. B

FRANÇOIS IER

Le saviez-vous ?

1. Cousins – Beau-père et gendre. 2. Claude de France. 3. La salamandre qui symbolise le pouvoir sur le feu.

L'étoffe d'un héros

Un traité de paix perpétuelle a été signé : les Suisses se sont engagés à ne plus servir dans des armées qui feraient la guerre au roi de France.

HENRI IV

Le saviez-vous ?

1. Le premier. 2. Sa mère dans le calvinisme et son père dans le catholicisme. 3. Marguerite de Valois aussi surnommée la reine Margot. 4. La Saint Barthélémy la nuit du 24 août 1572.

L'acte fondateur

1. 36 ans de 1562 à 1598. 2. Les huguenots 3. L'édit de Nantes 4. En 1598.

La date à retenir

Ravaillac.

SULLY

Parole historique

1. labourage 2. Mamelles 3. Pérou.

L'étoffe d'un héros

1. Vrai 2. Vrai 3. Faux. Il ordonne l'assèchement des marais pour augmenter les surfaces cultivées et pousser les paysans à produire davantage. 4. Vrai. Pour les protéger du fisc. 5. Vrai 6. Faux. Il diminue les impôts.

RICHELIEU

Le saviez-vous ?

1. Une carrière militaire. Richelieu a été contraint d'embrasser les ordres pour permettre à sa famille de conserver un évêché. 2. Cardinal – Duc 3. Les prétentions politiques des protestants, les intrigues et les révoltes des nobles et l'ambition de la Maison d'Autriche : Richelieu combattit ce triple danger. Ce fut son œuvre capitale.

Revers de la médaille

1. force 2. révoltèrent 3. frère 4. mère 5. valet 6. cardinal 7. Dupes 8. noblesse 9. armes 10. ennemis 11. conspirateur.

VINCENT DE PAUL

Le saviez-vous ?

1. Au collège des Cordeliers 2. Henri IV.

Morale de l'histoire

Le père de la patrie.

Grandeur d'Âme

1. Madame de Gondi, épouse du général des galères de France 2. La présidente Goussault, première présidente des Dames de la Charité 3. Mademoiselle de Fay 4. La duchesse d'Aiguillon, nièce du Cardinal de Richelieu 5. La reine Anne d'Autriche, veuve de Louis XIII 6. La Princesse de Condé, appui financier de Louise de Marillac.

LOUIS XIV

L'étoffe d'un héros

1. À presque 5 ans (4 ans et 8 mois exactement) 2. 23 ans 3. Supprimer le poste de premier ministre. 4. La mort du cardinal Mazarin en 1661. 5. Le château de Vaux le Vicomte 6. Louis-Hardouin Mansart 7. 72 ans.

Revers de la médaille
1. Vrai 2. Faux 3. Vrai.

COLBERT
L'étoffe d'un héros
1. Un protectionnisme industriel. 2. Jusqu'en 1860.

Avis autorisé
Mazarin.

Où et Quand ?
1. 1619 2. 1665 3. 4 mai 1661 4. 9 mars 1661 5. 1683.

TURENNE
Le saviez-vous ?
1. Dans les Ardennes 2. Maréchal de France en 1643 et Maréchal général des camps et armées en 1660. 3. À la basilique Saint-Denis : Louis XIV, pour honorer son meilleur général, ordonna qu'on enterre Turenne dans la sépulture des rois de France.

Issue fatale
1. Au musée de l'Armée à Paris 2. Le 13 juin 1960.

Qui a dit ?
Henri de Montherlant.

Où et Quand ?
1. 1661 2. 1651 3. 1611 4. 1675

TURGOT
Legs spirituel
2 - 4 - 5

Où et Quand ?
1. 1733 2. 1774 3. 1759 4. 1778 5. 1751.

LA FAYETTE
Le saviez vous ?
1. A 2. A 3. C

Legs spirituel
1. Vrai 2. Vrai 3. Faux de son vivant en 1781.

MIRABEAU
1789 – les États généraux de Versailles
1. B et C 2. B 3. A

Qui a dit ?
Louis XVI.

DANTON
La convention nationale
Girondins : Condorcet, Brissot, Buzot.
Montagnards : Danton, Marat, Robespierre, Saint Just.

Où et Quand ?
1. 1774 2. 1792 3. 1789 4. 1793 5. 1800.

CARNOT
Raison d'état
Jourdan, Kléber, Marceau, Hoche.

D	O	T	Y	U	R	S	U	A	K
E	L	B	I	U	E	E	R	R	L
G	A	M	J	R	I	G	U	E	E
O	G	A	H	O	C	H	E	R	B
C	B	R	N	Q	U	I	E	R	E
I	M	C	R	U	E	R	F	A	R
A	R	E	E	N	T	I	D	R	K
N	U	A	G	E	R	A	J	A	E
T	D	U	A	H	C	R	A	M	N
O	R	D	L	O	I	A	G	A	V

Destin funeste
1. Contre l'Empire 2. Anvers 3. Magdebourg.

NAPOLEON
Le saviez vous ?
Car par ce traité l'Italie cède à la France l'île de Corse. Napoléon aurait pu être italien !

Politique familiale
Naples : Joseph, de 1806 à1808 puis Caroline et Joachim Murat de 1808 à 1815.
Espagne : Joseph, de 1808 à 1813.
Hollande : Louis, de 1806 à 1810.
Toscane : Élisa, de 1809 à 1814.
Westphalie : Jérôme, de 1807 à 1813.

BUGEAUD
Où et Quand ?
1. 1789 2. 1800 3. 1804 4. 1814 5. 1830 6. 1848.

Illustre défaite
Sidi Brahim.

Date à retenir
Le Duc d'Isly.

GAMBETTA

L'étoffe d'un héros

1. En ballon 2. À Tours 3. La France entière se battit. 4. le 26 janvier 1871.

Multiples activités

Président de la Chambre des députés – Ministre – Avocat – Journaliste.

FERRY

Le saviez vous ?

1. A 2. A 3. A 4. B

Vrai ou faux

1. Vrai 2. Vrai 3. Faux il l'a été pendant 20 jours avant sa mort.

LYAUTEY

Missions étrangères et distinctions

1. En 1912. 2. De 1894 à 1897. 3. En 1921. 4. De 1897 à 1902.

Honneur au vaincu

1. Casablanca 2. Aux Invalides 3. Vrai.

CLEMENCEAU

La ténacité du tigre

1. Vrai 2. Faux 3. Vrai.

Homme de presse

J'accuse.

Qui a dit ?

Churchill.

FOCH

Ordre de batailles

1914 : Bataille de la Marne.
1916 : Bataille de Verdun.
1917 : Bataille du Chemin des Dames.
1918 : Bataille de Cambrai.

Le saviez vous ?

1. B 2. A 3. C 4. B

LECLERC

Épopée militaire

1. Le Rhin 2. Le centre de l'Afrique 3. Paris et Strasbourg.

Qui a dit ?

Général de Gaulle.

Où et Quand ?

1. le 06/1944 2. le 02/1941 3. le 25/08/1944.

DE GAULLE

Qui a dit ?

Jacques Chirac.

Où et Quand ?

1. Juin 1940 2. Le 25 août 1944 3. De 1944 à 1946 4. 1958 5. De 1959 à 1968.

PETITES RÉCRÉATIONS HISTORIQUES

Exercice 1

A. 4 B. 2 C. 1 D. 3

Exercice 2

Bataille de Marignan : 1515 – Bataille de Pavie : 1525 – Massacre de la Saint-Barthélemy : 1572.

Exercice 3

A. 1 B. 2

Exercice 4

A. 5 B. 3 C. 5 D. 1

Exercice 5

A. 2 B. 4 C. 1 D. 3

Exercice 6

A. Vrai B. Faux C. Vrai D. Vrai E. Faux F. Vrai G. Faux H. Faux.

Exercice 7

Sully à Henri IV pour le convaincre de se convertir au catholicisme.

Exercice 8

A. 3 B. 1 C. 2 D. 4

Exercice 9

A. 3 B. 3 C. 3 D. 1 E. 2

Exercice 10

A. 1 B. 4 C. 5 D. 3 E. 2

Exercice 11

Siège de la Rochelle en 1627 – Fin de la Guerre de Trente Ans en 1648 – Guerre de Hollande en 1674.

Exercice 12

A. 1 B. 2

Exercice 13

A. 1 B. 1 C. 2 D. 2

Exercice 14

A. de 1627 à 1642, soit 15 ans. B. de 1660 à 1661, soit 1 an 3. De 1675 à 1683, soit 8 ans. 4. De 1598 à 1685, soit 87 ans.

Exercice 15

A. 4 B. 1 C. 3 D. 2 E. 5

Exercice 16
A. 2 B. 1 C. 4 D. 3 E. 5

Exercice 17
A. 3 B. 2 C. 1 D. 4

Exercice 18
1. Le serment du Jeu de paume (20 juin 1789) 2. La Fayette nommé commandant de la Garde nationale (15 juillet 1789) 3. La proclamation de la République (20 septembre 1792) 4. La levée en masse (août 1793) 5. L'exécution de Danton (5 avril 1794).

Exercice 19
Réponse A

Exercice 20
1. Strasbourg 2. Rouget de Lisle 3. Marseille 4. La Marseillaise 5. beau 6. France 7. debout.

Exercice 21
1. La mort de Napoléon (1821) 2. La nomination de Bugeaud gouverneur général de l'Algérie (1841) 3. La capitulation de Sedan (1870) 4. La loi proclamant laïque et gratuit l'enseignement primaire (1882) 5. La reconnaissance du protectorat français sur le Maroc (1912).

Exercice 22
A. 4 B. 3 C. 5 D. 2 E. 1

Exercice 23
1. Austerlitz (1805) 2. Waterloo (1815) 3. Isly (1844) 4. Sidi Brahim (1845) 5. Châteaudun (1870) 6. Casablanca (1907).

Exercice 24
D et E

Exercice 25
A. de 1812 à 1815, soit 3 ans B. de 1799 à 1804, soit 5 ans C. de 1804 à 1805, soit 1 an D. de septembre 1870 à janvier 1871, soit 5 mois E. de 1882 à 1912, soit 30 ans.

Exercice 26
1. empereur 2. Anglais 3. Bugeaud 4. Abd el-Kader 5. l'Allemagne 6. Gambetta 7. ballon 8. l'Alsace 9. Lorraine.

Exercice 27
1. sacré 2. vengeurs 3. victoire 4. mâles 5. triomphe.

Exercice 28
A. 2&5 B. 7&8 C. 3&6 D. 1&4

Exercice 29
A. 1 B. 2 C. 4 D. 3

Exercice 30
1. Bataille de Verdun (1916) 2. Bataille de Château-Thierry (1918) 3. Débâcle de l'armée française face à l'invasion allemande (1940) 4. Bataille de Koufra (1941) 5. Débarquement des troupes alliées en Normandie (1944).

Exercice 31
1. Poincaré nomme Clemenceau président du Conseil (1917) 2. L'Allemagne signe l'armistice (1918) 3. La signature du traité de Versailles (1919) 4. Le protocole de désignation du Soldat inconnu (1920) 5. L'inauguration de la Flamme du souvenir sous l'Arc de Triomphe (1923).

Exercice 32
A. 4 B. 1 C. 3 D. 2

CRÉDITS

Conception graphique et mise en pages : Stéphanie Boulay pour Édiclic
Adaptation et réalisation : Édiclic
Tous les documents reproduits dans cet ouvrage appartiennent à la collection privée de l'auteur.

Édition du Club France Loisirs avec l'autorisation des Éditions Hors Collection

**France Loisirs
123 boulevard de Grenelle, 75015 Paris
www.franceloisirs.com**

**ISBN : 978-2-298-10971-9
N° éditeur : 84778
Dépôt légal : février 2016**

Achevé d'imprimer en Slovénie par GPS, avril 2016